Slow is Beautiful

慢生活 慢美好

[日]辻信一 著　田园 译

目 录

致中文版读者的问候 / 1
前　言 / 1

第一章　慢一点，活在当下 / 1
1　来自德内拉·梅多斯的消息 / 3
2　"现在才没有闲工夫做那个！"的"现在" / 10
3　川口由一："活在答案里" / 16

第二章　慢食
——通过食物，让我们重新探讨自己与世界的关系 / 23
1　来听听大谷由实子的《未来食生存讲习》 / 25
2　快餐和慢食 / 31
3　慢食运动的目标是慢生活 / 36
4　慢食运动和反全球化运动 / 41
5　杂粮的再发现意味着什么 / 46

第三章 超越《三只小猪》的故事——慢住家与慢设计 / 51

1. 从甘地小屋发来的消息 / 53
2. 道格拉斯·范尔的树屋 / 54
3. 秸秆住宅——慢设计 / 65

第四章 把"好事情"和"喜欢做的事情"联系起来
——慢商业的可能性 / 73

1. 藤村靖之的"发明创业学堂" / 75
2. 瑞典式慢科学和慢技术 / 82
3. 慢商业的可能性 / 87
4. 公平贸易与"非电子化"运动 / 89

第五章 花时间——"动作"与"停留" / 95

1. 地球时间、生物时间与产业时间的相互冲突 / 97
2. 科学技术为我们省下的时间,都消失到哪里去了 / 101
3. 速度病——"停留""共生"的衰退 / 105

第六章 疲劳、懒散、游乐、休息的回归 / 111

1. 疲劳总在我们身边 / 113
2. 伯特兰·罗素对过度勤奋的批判 / 118

  3 多田道太郎的怠惰思想 / 124
  4 晃来晃去主义的推荐 / 131
  5 委身于高贵的疲劳 / 136

第七章 各种各样的时间 / 139
  1 生活时间和物理时间是不同的 / 141
  2 由地区、文化差异导致的时间差异 / 144
  3 动物的时间，神话式的时间，体内时间 / 149
  4 能量消耗的增大让时间加速 / 154

第八章 为什么我们不努力不行？ / 159
  1 竞争的时代与奥林匹克运动会 / 161
  2 《五体不满足》——健全者希望看到的残疾人形象 / 164
  3 "加油"这个词汇让人联想起战争 / 168

第九章 重新居住，重新生活 / 175
  1 生命地域主义与"重新居住" / 177
  2 伊里奇对"居住"的诠释 / 183
  3 "居住技术"的丧失与环境危机 / 188
  4 "逸脱"，就是找回快乐 / 193

第十章　慢身体，慢慢爱 / 203
  1　对自己身体超乎寻常的关心——鹫田清一"恐慌身体"论 / 205
  2　"清洁志向"将自己与他者隔离起来 / 209
  3　表现在饮食和性上的身体危机 / 214
  4　正因为身体是有限的，所以才自由 / 220
  5　爱与性，都是慢一点好 / 225

终章　慢文化 / 229
  1　文化就是小小的、慢悠悠的东西 / 231
  2　作为均衡、调节、净化装置的文化 / 235
  3　来做减法的练习吧 / 239
  4　现代科学对乡土智慧的重新认识 / 245
  5　慢知识——停留者的"迟慧" / 249

后记 1 / 253
后记 2（文库本） / 257
译者后记 / 259

致中文版读者的问候

亲爱的中文读者朋友们：

Slow is Beautiful 能够以这种方式呈现在诸位面前，于我而言实在荣幸之至。因为我想到，构成本书主题的"自在慢活""知足"等人生智慧，正是诞生于中国的人类重要的文化遗产。可以说，它们是留给我们这些生活于现代之人的珍贵礼物。那么，以这些知性的传统为基础，我们应该如何去做，才能构筑起新的时代？如今，这一问题正摆在我们面前。而这本书，就是我在面对这一课题时所作出的小小表态，以及力所能及的建言。

话虽如此，可如果仅就社会表层来看的话，我们却很难找到"知足"的智慧了。我认为，这正是现代世界中最为严重的问题所在。

"过剩"，才是现代世界的特征。如今在世界的许多地方，正涌起"物"与"事"的洪水。在空间层面，房间、住宅、邻里、地区、国家、地球等等，无论从哪种规模看来，总有"物"满溢而出。这既是垃圾问题，又是环境问题。在时间层面也是如此。某段限定的时间中,总被塞进了太多"要做的事情"。计划表满满当当的,而那种过去几乎所有人都曾享受着的悠闲时光,却在其中连个立锥之地都找不到。就连人们心中,也塞满了太多的事与物,还有问题、烦恼、担忧与不安;它们进而引发了种种心病……哎呀呀呀,为什么我们的世界,变得如此过剩了呢?

可以想见,这都是因为人们失却了"刚刚好"的感觉。本来,这"刚刚好"的感觉,才应当是文化的本质。正因为有了它,社会才得以持续下来。"刚刚好",换句话说就是"知足"。"祸莫大于不知足",早在2500年前,老子就曾作出了如此的开示。尽管如此,如今,"不知足"却反被人们当作了美德。

这是必然的结果吧。以永不停息的进步与成长作为宗旨的近现代式科学技术或经济,并不认同能够制约数量、速度、强度、尺寸的原理。在此,过剩并不是一种失败的结果,反而被人们当成了成功的证明。

从另一角度来看的话就会发现,我们所居住的这个地球,正是一颗"刚刚好"的行星。在自然界之中,均衡、调节、净化的能力正发挥着作用。因此在自然界中,尺寸、速度、力量是有限的,它们都具有刚刚好的大小与节律。因为对生物来说，与每个物种相应的小、迟、少，就是美德。

我认为，所谓文化，本来就曾是一种能将这般均衡、调节、净化的能力导入社会之中的装置。在自然界的种种制约中，遵循"刚刚好"这条文化的准则生活——对人类来说，才是幸福的基石。所谓"小"，指的就是"刚刚好"的大小或尺度。因此，恩斯特·弗里德里希·舒马赫（Ernst Friedrich Schumacher）曾说道，"小即是美好"（Small is Beautiful）。而"慢"，指的则是"刚刚好"的节律与速度。因此，我们才说"慢即是美"（Slow is Beautiful）。

对我来说，这本书中包含着特别的思绪。"慢生活"（Slow Life）运动已然在日本开始；而本书，就成了该运动发出的首部整理成书的宣言。我与伙伴们在20世纪90年代末期结成了"懒人俱乐部"。而它的象征，则是那生活于中南美热带雨林中的缓慢绝伦的动物——三趾树懒。它们并未与其他动物比拼强弱、大小或速度，反而转身实现了低能耗、循环型、共生、和平的生活方式。时至今日，我仍然发自内心地认为，正是树懒这种缓慢的生活方式，才满载着能够帮助人类在21世纪中求得生存的启示。

这本书诞生于21世纪刚刚开始不久的2001年，正好是美国发生"九一一"事件的时候。以那次事件为契机，绝望向着全世界蔓延开来；这种绝望，与充盈于本书中的希望，在我的内心形成了强烈的对比。它们撕裂着我。

　　自那以后，13 年过去了。看起来，世界所面临的各种危机，似乎变得愈加严重了；人们对人类之未来所产生的绝望情绪，似乎仍在不断上涨。可就在另一方面，希望亦由点连成了线，由线组成了面，不断地扩展开来。"快"的世界越发加速着、持续着它的狂飙；而与此同时，试图创造"慢"之世界的人们，其事业也确实正结出一个个果实来。

　　近年来，与欧美同样，亚洲也涌现出许多享誉世界的典范实例，比如生态主义的（ecological）、整体论的（holistic）、灵性的（spiritual）新型价值观、生活方式、商业模式、教育、区域建设等等。我本人，也因为能在这种新的趋势中发现自己，而感受到莫大的欢悦。

　　那位著名的圣雄甘地曾经说道："Be the Change——如果你希望见到变化，就必须自己去实现它（欲变世界，先变其身）。"我们每一个人，都能够从东方丰饶的知性传统中汲取智慧，然后从自己身上，将向着当来之新时代所发生的大转换体现出来。这是一场重大并且意义深远的事业。不必惊慌，不必匆忙，让我们大家一起从力所能及的地方着手，慢慢进行下去吧。不是有句古话叫作"宁静致远"吗？

尽管力量微薄，我还是想将自己能够做到的事情，继续做下去的。

谨在此，向刊行本书的华夏出版社，以及向将此书介绍给出版方，并亲自加以翻译的田园同学，表示由衷感谢。

辻信一

二〇一四年夏

前 言

Slow is Beautiful，缓慢是美好的。

Slow 这个词，是迟缓、慢悠悠的意思。对我而言，这个词除了缓慢之外，还包含着其他意思，比如说现代用语的 ecological（对生态环境有益的，环保的）、sustainable（永久的，可持续的）等等。因此，读者大可以把本书中反复出现的"slow""缓慢"这些词语，都解读为"环保"或者"可持续"。不过，这些词语还很新鲜，尚未被人们完全消化。当我们用这些新词做容器，试图舀起我们那流水一般的思考时，就会发现不论如何，这些思考总有一些是要溢出来的。于是，我便想把那些现代用语里装不下的部分，装在更加平凡、陈腐并且广大的容器里。这样想着，我选用了"慢"这个词。

在这个看起来平庸的词汇里，究竟潜藏着多大的诗一般的能量？为了弄明白这个问题，让我们试着把这个词语，与现代生活中用到的各种基本词汇组合起来看看吧。慢经济、慢技术、慢科学、慢食、慢设计、慢身体、慢慢爱……这种语言游戏，也许可以将我们的想象力解放开来。我们将看到与现代生活中铺天盖地的"常识"不同的另一种经济，另一种技术，另一种科学，另一种用餐态度，另一种美，另一面的身体，另一种爱的方式。让我们面对它吧。

虽然说着"另一种"，不过，其实这本书并没有提出什么令人耳目一新的理论。特别是对那些很熟悉理论的人而言，这本书也许看起来就像是在炒冷饭。不过，其实我就是想试试炒冷饭。

来说说 beautiful 这个形容词吧。三十多年前，美国黑人们提出了"Black is Beautiful"的主张。黑人们从长久以来的歧视与自我憎恶的深渊中爬出，如实地接纳了自己本身，并对其予以肯定。而这句话，就是宣言。同样，我想把这个一般译做"美丽"的词语，作出如下的定义：它代表着一种态度——不逃避，但是并不自豪；不去否定它之外的存在，更不会与其他事物一较高下；就那样不加修饰地认同、接受、拥抱那件事物本来存在的态度。

经济增长、景气、GDP、效率、竞争、大量生产、大量消费、大量废弃、开发、科学技术、IT、遗传工程，这些词汇已经成了我们这个社会的标语。仔细想想就会知道，其实这个社会的存在，完全建立在对我们身体性、日常生活、文化等事物的大肆否定之上。我们曾经拥有的质朴的经济、营生、生活技术、传统智慧、饮食、人与自然的联系、人与人的联系、对爱与美的意识、身体性，统统被当作了慢得跟不上时代的东西。它们被否定，被蔑视。然后，在这些事物残骸之上，名为"富足社会"的怪物，开始兴旺地生长起来。现在，那个怪物变得更加巨大，膨胀得更快了——它甚至变成了全球主义，席卷整个世界。

正因为如此，我们的社会与时代中才会充满名为自我否定、自我憎恶的诅咒。Slow is Beautiful——缓慢即美好，这句宣言，就是我们为了对抗那个诅咒，从中解放自己而创出的咒语。当然它也是我们的处方签、精神准备以及祈祷。

这本书的章节排列并没有什么深意。不论从哪一章开始读，或者读到哪处停下，都没有关系。但愿你能和这本书一起，度过一段舒服，并且慢悠悠的时间。

第一章

慢一点，活在当下

Slow down, you move too fast
慢下来　你走得太快啦
You got to make the morning last
总得让早晨慢慢度过
Just kicking down the cobble stones
踏着鹅卵石道溜溜达达
Looking for fun and feelin' groovy
找找乐子　感觉惬意
Simon & Garfunkel – The 59th Street Bridge Song
　　　　　　　西蒙与加菲克尔,《59号街桥之歌》

1
来自德内拉·梅多斯的消息

似看非看地翻着报纸,一个外来语单词在不经意间映入我的眼帘。Meadows,草甸。长着无名的杂草或者灌木,并让它们开花的河边草地。这是我喜欢的英文单词中的一个。

德内拉·梅多斯(Donella Meadows),的确是那个人。

那则新闻是这样写的:美国的人口学家德内拉·梅多斯女士逝世了。她是1972年罗马俱乐部出版的《人类的危机报告——增长的极限》(Limits to Growth)一书的主要作者,云云。在我眼前那片散乱地开着花朵的草地上,一种寂寞扩展开来。

《增长的极限》这本书的内容,就像其题目所表述的那样:如果社会依照当时的经济增长策略继续发展的话,由人口过剩、资源枯竭、环境污染导致的悲剧将不可避免。因此,这份研究报告书指出,现在已经到了该停止增长的时候了。该报告与 E. F. 舒马赫(E. F. Schumacher)的《小即是美》(1973)一道,成为具有划时代意义的先行者。它们着眼于经济发展与环境问题的关系性,并试图从根本上对经济作出重新思考。可惜的是,当时的这些先行者,直到三十多年后的今天,仍然未能撼动当下世界增长策略的主流。我们居住的现代社会，仍然深信于无限增长的"宗教"中，难以自拔。

当然，现在的人们似乎没有一天不在讨论关于环境危机的话题。与此同时，同样的一批人，却日复一日地因为经济走向而时喜时忧，并且持续盼望着GDP或经济指标的上升。现在几乎所有的企业，都在主张增长扩张的同时，试图向民众们展现他们有多么环保。"爱护地球""生态节能"，企业们都这么说。这大概并不只是为了提升企业形象而进行的宣传或炒作而已吧。企业的决策者们开始相信，把环境问题落到实处，也许就可以突破"增长的极限"了。

在那则报导德内拉·梅多斯之死的新闻中，记者对她的晚年生活也作出了描述：她一边在大学教书，一边主持着一个科学家团体"鲍拉顿小组"（Balaton group），这持续了二十多年。

"每年九月有一周时间，在匈牙利的疗养地鲍拉顿湖畔，我们四十多个人聚集起来进行自由讨论。最近的话题，是水、能源和时间的价值。我向参加者们提出了一个请求，让他们从各自的国度带一块石头过来。我们把那些石头摆放在某个角落的桌子上，然后开始讨论。"

第一章　慢一点，活在当下

　　石头。当足尾矿毒事件[①]的田中正造[②]死去之时，他仅有的数件遗物中就有一块石头；在水俣病的阴影中幸存下来的人们，于水俣湾填海而成的陆地上不断祭祀着"魂石"。而对梅多斯而言，石头中又包含着怎样的思念呢？

　　水、能源、时间。在思考、讨论这些话题的时候，面前放些石头的确是不错的，我想。盖瑞·施耐德（Gary Snyder）在咏唱诗歌时总把石头放在面前；克洛德·列维－斯特劳斯（Claude Lévi-Strauss）也把石头放在面前，然后研究人类的文化。石头的时间、地质学时间、地球时间。一边让思维驰骋于这些不同的时间中，一边思考人类现今直面的水、能源、时间等庞大的问题——梅多斯也许是这样打算的。

　　我不太了解德内拉·梅多斯的工作。我只是喜欢阅读她刊登在《复苏》（Resurgence）（英国的生态主义思想杂志）上的文章罢了。只是，仅在数个月之前，我间接地与她有了短暂的交流。我想在我照料的"懒人俱乐部"（起步于1999年的环保团体）的英文主页上刊登她写的一篇文章。为了取得她的同意，我向她发去了电子邮件。没多久她便回信给我，爽快地同

[①] 足尾铜矿污染事件，日本最初的公害污染事件。
[②] 揭发该事件的政治家。

意了刊登。那是一篇短小的随笔，如果把它登在杂志上，恐怕只够填满一页。尽管如此，我却对它有着特别的感情。我有时会把它找出来反复看一看，偶尔还会出声读它。这样每读一次，都会有一种不可思议的力量充盈我的身体。现在，我决定再一次，试着倾听她的声音——那已经不存在于这个世间的她的声音。（以下意译自她的原文，有所省略，并且进行了不改变整体意义的字句变更。）

Not So Fast

别那么快

德内拉·梅多斯

必须得把世界从危机中解救出来。这样想着的人们，大都忙着四处奔走，以推销他们那些拯救地球的方法。我也是其中之一。环境危机、贪得无厌的权利欲与物欲、伦理的堕落、毒品的蔓延、犯罪的增加、种族歧视等等，我们有数不胜数的危机以及疾病。有鉴于此，炭税（carbon tax）、选举制度的改善（改恶？）、教育改革、税制改革、濒危动物保护法；加强监管力度，或者取消监管措施……迄今为止，我们已经开出了无数长长的处方签。各自肩扛着锦旗的我们，相互间嘭嘭咚咚地击打着脑袋。

不过，其实这里还有一个能拯救世界危机的方法，是尚未被我们这些狂热的活动家们提出的。

那就是"慢下来（slow down），减减速"这个方法。

那让我们为之狂热的"拯救世界"运动，是一场环境运动。也就是说，这场战斗的目的，就是"为我们这些存活在母亲般地球上的生物，寻求一种遵从自然法则的、可持续的生存方式"。暂且不提其他的运动，至少就我们正在进行的这场环境运动而言，我也许可以说，慢下来才是解决问题最有效的做法。

我们总是太急躁。不，我们总是觉得，不再快一点不行。不过现在，试着把这种"快一点！再快一点！"的想法放下怎样？试着这样做了，也许我们可以走着去那些我们本打算开车去的地方，或者把飞机票换成船票。如果你不着急的话，大可以花时间收拾好自己排出的垃圾。在用推土机永远地改变地形之前，我们本应该有时间与当地的居民们好好讨论一下改建的计划。在许多渔船争抢着，把那些产量下降的鱼类统统捞光之前，我们大可以考虑一下，这个世界的海洋到底可以再养出多少鱼吧。

来试着想象一下吧。慢悠悠地走，慢到可以闻到路边的花香。放慢生活的速度，这样，我们就可以重新感受到那些被遗忘了的身体感觉吧。还可以跟孩子们玩一玩。也可以忘记那些填满效率手册的计划表，转而去享受与你爱的人共处的时间。放弃那些急急火火吞下的快餐，试试慢食（slow food）吧。这样你就可以尽情享用那些自己种出来的、自己烧出来的、自己盛出来的食物了。来想象一下，每天拿出些时间，安详地坐在静谧里的自己。

假如一直以来，我们都过着这样悠然的生活的话，那么那些我们叫嚣着要拯救的"世界危机"，是不是根本就不存在了呢？

慢悠悠地过活。充分利用从前的、传统的工具，就可以将那些消耗在最新科技产品上的大量能源与材料节省下来。而且，我们再也不用为了节省时间，去买各种各样的新产品了。（您是否想过，那些因为购买、使用大量高科技产品而节省下来的时间，都消失到哪里去了？）放慢速度，我们就不会再出那么多错。我们可以多听听对方是怎么说的，互相伤害也许会因此变少一点儿。甚至，当我们针对某个问题，找到了"绝无仅有"的解决方案时，我们仍然可以花点时间好好想想——它会在现实中产生怎样的效果和副作用，试验一下，推敲推敲——只要我们放慢速度，这些余裕还是有的。

宗教家、诗人托马斯·莫顿（Thomas Merton）曾经说道：

第一章　慢一点，活在当下

"很可惜，活动家们为和平所做出的贡献，被他们那狂热的激进主义抹杀了。"的确，在狂热的改革者心中，充满着急躁、过劳、不宽容、焦虑等等不良心态，它们成为扰乱内心和平的一种暴力。这些连内心的和平都不了解的人，真的有可能描绘出人类世界的和平吗？

一位印度朋友对我说过这样的话：来自欧美的商业广告大潮，正严重冲击着印度的文化——与其说这种冲击来自广告的内容，不如说它来自广告的速度感。他说，尤其是那些快节奏的、持续而强烈地刺激感官的电视广告片，它们与印度数千年延续下来的冥想传统背道而驰。我想自己大概能明白他的意思。我本人，就曾被印度那种极其散漫的生活节奏弄得快要疯掉："这帮人难道没听说过'时间就是金钱吗'？"

现在回想起来，曾经不知道"时间就是金钱"的他们，是知道另一件事的。那就是，"时间就是生命"。因此，急急忙忙地生活，就是把生命快速地浪费掉，对吧。

慢……

下……来。总之，让我们从这里开始吧。然后，安静地、慎重地，来考虑下一步……

这是把世界从危机中拯救出来的第一步。虽然这样说着，可是实际上，连我本人也在为这第一步的艰难而感到苦恼。即使心里明白该怎么做，我还是会轻易地被那个快节奏的大潮卷走，身不由己。和那些相识的环保活动家们一样，我太忙了。我忙得吃不上健康的一日三餐，忙得顾不上坐下来歇一会儿，忙得没有假期。有时，我甚至忙到无法思考。

爱德华·艾比（Edward Abbey，美国作家、生态主义思想家，1927—1989）说过的这句话，简直是对像我这样的环保活动家的嘲讽：

"仅仅为守护大地而战是不够的。还有比这更重要的事，那就是享受它。"

这是个不错的忠告吧。不过真可惜，我现在太忙了，还没有闲工夫做那件事。"这个世界还等着我去拯救呢！"哈哈。

2
"现在才没有闲工夫做那个！"的"现在"

"现在才没有闲工夫做那个！"大人们总是这样说。于是孩子们会说："那，现在有闲工夫做什么？"大人："这样不行。"孩子："那样好不好？"

我们这些大人，似乎总想着"现在不行！没有闲工夫做那

第一章 慢一点，活在当下

件事！"并把这种话挂在嘴边。那么，这样想着的我们，都把工夫花在什么事情上了呢？

在对方回答"现在才没有闲工夫做那个！"的时候，"那个"——我们想做的事，便被否定了。它被我们从计划中挑出来，收回到心里，最后彻底忘掉。"现在才没有闲工夫做那个！"的"那个"，几乎没有重生的机会。我们通常很难想起它们，并且说"现在终于可以做那件事了"。

那么，"现在才没有闲工夫做那件事"的"现在"，又如何呢？这个"现在"也一样，因为被夺走了"那件事"而变成了一个空壳，无头无尾。我们说"现在才没有闲工夫做那件事"这句话，似乎是为了更加重视"现在"。也就是说，对这个"重要的现在"来说，应该还有比"那件事"更适合、更有意义的事在等着它。可是很不幸，填满我们这些"现在"的事情，似乎没几件是特别有意义的——至少它们并没有比那些我们认为无聊的事情强多少。因此，无论何时，大人们的"现在"总是空空如也。关于这一点，孩子们也许早就看穿了。

南太平洋岛国萨摩亚的原住民椎阿比（Tuiavii）酋长，在首次访问欧洲时曾说过这样的话：

> "我想做什么事情"——那些白人在做事之前会假定

一个目标……比如去太阳下面走一走，去河里划小船，或者追求某个姑娘什么的。不过在做着这些事情的时候，他会想"不……我绝对不能享受它，我才没有这个闲工夫呢"——这想法简直把他诅咒了。因此，他之前假定的那些目标，那些冲动和欲望，大都会慢慢枯萎掉。时间就存在于那里。不过即使时间就在那里，他也懒得看它一眼。说起那些夺走他时间的东西，他能举出无数个名字。然后他会一边嘟嘟囔囔地抱怨着自己的不平，一边蹲在那些既不有趣，又不能给人带来幸福的破烂工作面前。可是，强迫他干那些工作的并不是别人，正是他自己。[《巴巴拉吉》(*Der Papalagi*)]

另一个"懒人俱乐部"的照料人，慢商业（slow business）的实践者中村隆市（参见第四章），对我讲过这么一件事。某个团体对年轻人做了一次问卷调查，然后他们发现，大部分的年轻人认为"为了未来的幸福而牺牲现在是愚蠢的"。关于这一结果，报社给出了负面评价——现在的年轻人充满了得过且过的及时行乐倾向，这是十分值得警惕的，云云。

用中村的话说，"傻瓜才会为了将来牺牲现在"，这种感性的想法反而比较正当。大人们的世界中不断重复着为了未来幸福而牺牲现在的行为,而年轻人正尝试着放弃这种生活模式。"够了,我才不要把现在的时光浪费到未来的幸福上!"——年轻人的这种感觉,并不一定意味着他们"今朝有酒今朝醉",只图眼前享乐地混日子。

中村说我们的现代社会是"准备社会"。在这个社会中,人们永远忙着为未来做准备。胎儿接受胎教,是为出生后的时光做准备。幼儿为了进一个好的幼儿园做着准备,然后幼儿园的孩子们还得为进一个好学校做准备。小学生忙着为进入重点中学做准备,中学生忙着备考重点高中,高中生则忙着备考重点大学。考进一所好的大学,是为了找份好的工作;而一份好的工作,是能让自己有个幸福的晚年,并且让自己的孩子们可以接受良好教育的保证。当然,让孩子们接受良好的教育,也是为了让他们找份好工作而做的准备——孩子的好工作,自然能让家长的养老生活过得更舒服一点。

"现在",仿佛是个无时无刻不被预约挂号塞满的牙医诊所。

"预约社会",与"保险社会"相辅相成。我们这个现代社会,也可以称作"保险社会"。养老保险、公积金、银行的零存整取业务等等,在这种广义的"保险"制度下,我们一点点削薄着"现在"。然后,我们把这些从"现在"压榨出来的部分收集起来,试图用它购买我们的未来。这和生命保险相似——家人的未来，会因为自己生命的结束而得到保障。意外伤害保险、火灾保险等等，我们设法假定出所有可能发生的灾难，然后准备各种保险，以期待自己到时候能够应付这些灾难。我们假定出丢掉胳膊、丢掉腿，甚至丢掉生命的自己的未来，再把身体的一个个部位，包括生命本身，都分别打上一个个价码。

在米切尔·恩德（Michael Ende）的童话《毛毛》（Momo）中，"灰先生"们经营着时间储蓄银行。人们为未来做打算，把时间节省下来存在时间银行里。可是，人们储蓄的时间越多，他们的"现在"也就被偷走得越多。他们在忙忙碌碌中变得越来越不幸福。这样的大人，在孩子们看来简直像一群傻瓜。可是，连最聪明的孩子们也不能幸免于难。孩子们到底还是被送入名为"儿童之家"的收容所里，接受矫正教育。在那里，他们不能再像从前一样"把几乎所有的贵重时间都浪费在那些对学习没有帮助的游戏上"——这当然是不被允许的。取而代之，这些孩子们被要求记住，并且仅仅记住那些"对未来社会有所贡献"的知识。因此，渐渐地，连孩子们的脸孔也变得越来越像"储蓄时间的小大人"了。

以残酷作案手段犯罪的年轻人正在增多，这成了人们在街头巷尾议论的话题。人们大都对现在的年轻人没有人生目标而感到担忧，并且他们认为，社会有必要帮年轻人找到一个可以承载他们人生意义的努力方向。不过，事情真是那样的吗？迄今为止，这个社会一直在把各种人生目标强加给孩子们，并且逼迫孩子们为了那个目标而放弃当下的快乐。正因为如此，这个社会制造出了大量不幸福的年轻人——至少我是这么想的。在媒体上，"前途渺茫"这个词频繁地出现着。可真正渺茫的，难道不是现在吗？比前途更加暗淡的，难道不是我们的立足之处吗？

接受精英教育，从名牌大学毕业的年轻人们成群结队地奔向金融或保险业界。和过去一样，这的确是现代日本的事实①。但是在另一方面，说着"保险、养老金、存款什么的真是蠢透了"的年轻人，也正在增多——这也是事实。虽然似乎确有人通过计算发现：就像评论家指出的那样，随着金融危机、老龄化等烦心事的增多，投资未来并不再是上策了。不过，与此同时，"我要取回自己的现在"，或"我想充实地度过当下"的思考，也正在人们的心中，逐渐成为不可或缺的存在。——对于这些，我还是感觉得到的。

---

① 当然，在中国也一样。

3
川口由一："活在答案里"

去年夏天,我带着两位来自澳大利亚的环保组织代表,访问了奈良县的川口由一先生。川口的"自然农"逐渐在海外受到关注,因此这两位环保人士希望亲眼见识一下用"自然农"种植方式营造的田地。川口先生与往常一样,带着我们参观了每一片田园,并加以细致的解说。无农药,无肥料,并且不耕地。稻田虽然被称作水田,但几乎看不见水。这些在如同"森林"一般杂然的田地里生长的稻子,是那么的粗大而强健——简直让人认不出来它们是稻子了。

参观结束后,也和往常一样,我们在田地之外的一间会客室享用了美味的晚餐。不借助机械,这些谷物和菜蔬们,在人类手工劳作的帮助下慢慢长大,活出自己的滋味。终于,这些谷物和菜蔬们成熟起来,它们经历采摘、蒸煮、腌渍、调味,然后被端上餐桌。与快餐相对的另一极,慢食,正是如此。

餐桌旁,在远道而来的环保活动家们的面前,川口先生对我们讲述了如何"活在答案里"。

"我觉得,我们所有人本来都是生活在答案里的。可是,不知在什么时候,我们提出了很多问题。于是我们从答案中离

第一章 慢一点，活在当下

开，不知不觉间活在了问题里。"

例如，环保运动。保护原生物种，保存那些植物的种子，使它们不至于灭绝；或是圈出自然保护区，以维持那些濒危野生动植物得以栖息的生态环境；或是限制二氧化碳排放量，制定相关的法律。推进可替代能源（alternative energy）的普及；还有保护原始森林不被破坏……这些环保运动致力解决的问题，每一个都极其严重；对人类来说，它们也是重要的课题。当然，这些环保运动都很了不起，它们的确提出了许多必不可少的措施。川口说，当人们找出各种问题，并且忘我地想办法解决它时，提出问题，解决问题这个过程，便在不知不觉间取代了生活本身。结果，紧盯着问题不放、为了它奔忙的我们，反而忽略了最重要的"生活"本身，不是吗？

"现代的农民也是这样的啊。过去，种地不过是农民的生活方式而已。可是不知从什么时候开始，这种生活方式却变成了一个有待解决的问题——农业问题。人们设定了目标产量、全年收入目标等等，为了实现这些目标而采取各种手段。人们被设计图纸束缚得紧紧的。因此，现在的人从事农业生产，不论在播种时还是在插秧时，他们的心里总是充斥着许多不安——真的能像计划的那样发芽吗？会遭受虫害吗……凡此种种，对未来的不安像漩涡一般困扰着人们。可是，其实农民在田里播种时，本来是没有任何担心的。正因为他们非常安心，因此种地才会有乐趣——不被未来束缚，活在当下。过去、现在、未来，是不能被切断的。因此，就在当下里，包含着过去，也包含着未来。所谓活在答案里，我觉得就是这么一回事。"

按照川口的说法，生命的本源，是无目的、无方向的。只有人类才把自己看作特殊的生物，认为自己是为了某个目的而活着的，并因此想象出人生的方向。可是，在这个各种各样的生物互相依存，或者互相残杀的生命共同体中，虽然充满了循环，却没有一个特定的方向。存在于那里的，唯有活在当下，无目的地把生活维持下去而已。在这里，既没有终结也没有开始。没有过去、现在、未来的区别。

在循环中邂逅的局部与局部之间，存在着各种关系；其中当然有许多关系，与"目的—手段—角色分配"这种目的论式的观点相符。比如大马哈鱼为了产卵，排除万难，逆流而上；雄性孔雀为了获得配偶，才把美丽的羽毛装饰在身上。同样，人类因为有了发达的大脑，才擅于发展我们的目的论：设定一个目的，为它寻求某种手段；进而，为完成它而设定出一套角色分工，再像演戏一般把它执行出来。这可以称得上是让人类之所以成为人类的特征了。

第一章 慢一点，活在当下

在漫长的岁月里，人类在地球上各种各样的环境里创造出了文化，并将营生维持了下来。尽管人类有着擅于发展目的论的大脑，却并未从本质上对生命的无目的性提出过质疑。过去的人们，也会设定一些目的，提出一些问题。但是，他们几乎不会像我们现在这样，觉得生活本身不过是为了某个更大的目标而存在的手段，或者生活这桩事本来就是个大问题。当然，他们更不会因为这些事情陷入苦恼的沉思。

尽管如此，我们这个时代，却是一个人人都拼命寻找生命意义、探寻存在理由、摸索人生角色的时代。当我们未能如想象般顺利地找到自己的目标时，我们甚至会失去活下去的动力。那么，以前和现在相比，又有哪里不同呢？那时候，为了"生活"，人们并不需要什么理由。"生活"对人们而言，是刚刚好的一件事，既没有多出什么，也没有缺少什么。为什么当年人们会那么想呢？也许是因为感觉到，"命"之为命，是以一己之力莫奈之何的、超然于自我之上的存在吧。那时的人们也许和现在的我们一样，认为生命并不属于自己——那是一种神秘的奇迹。生命，或许作为一种神圣的存在被感受着。在那里，"当下""现在"，就是生命的表现，同时也是所谓的"答案"。因此在那个时代中，人们曾经一心一意地生活在"现在"、生活在"答案"里。

如今的我们到了什么地步？竟然试图把"现在"与未来切断，然后只把它当作未来的序曲；竟然说着什么没有目的或目标的人生不值得过；把生物进化的历史，蔑视为人类创生的铺垫，而我们竟然能让这种神话流行起来。甚至，我们还自大地相信，包括动植物在内的大自然全体，都不过是为了供人类利用而存在的"资源"而已。

总之，不论是社会活动家还是环保活动家，期盼用"为了未来的孩子们而努力"这种华丽的辞藻来解决问题显然是不行的。我们是不是应该再一次效仿川口先生，这样问问自己呢？——是不是把"问题"错当成"答案"了？本该生活在"答案"中的我们，是不是正生活在问题里？有没有让"现在"沦落为未来的手段？我们的"现在"，是不是一个无头无尾的空壳？

现在，让我们与逝去的德内拉·梅多斯说出同样的话吧。slow down，慢下来。真正能把生态系统从危机中救出的人，正是享受着生态系统的人吧。能解决问题的，应该是生活在答案里、带着答案一同生活的人。为了享受森林，你得花些时间。为了过生活，你更得花些时间。吃下东西，排出粪尿，躺下，照顾菜园，散步，和孩子玩一玩，与爱人温存，睡着，与朋友聊天，读一点书，欣赏音乐，打扫卫生，工作，然后收拾

第一章 慢一点，活在当下

好它们，进浴池泡一泡。slow food，slow love，slow life。慢慢吃，慢慢爱，慢慢生活。没有赶着抄近道，真是太好了——能让人这样想的人生，真是太好了。

今天很忙　所以
慢慢地走吧

秋日阳光洒落地面的声音
但愿　我能听到

山尾三省，《慢慢地走》

第二章

慢食——通过食物，让我们重新探讨自己与世界的关系

着急是不行的
腌过糠酱菜①的人都懂
每天　眼看它慢慢变得不同
用手摸摸就知道

　　　　　　长田弘,《糠酱菜的腌渍方法》

---

① 用米糠酱腌制的咸菜。米糠酱,指将盐水等掺入米糠搅拌,使之发酵后做成的酱。

1
来听听大谷由实子的《未来食生存讲习》

东京市中心，从早上就开始下着冷雨。向窗外望去，能看到星期天寂寞的十字路口，和覆盖其上的高速公路架桥。目之所及，皆是灰色钢筋混凝土的国度。

星期天，从一大早开始，这狭小的房间中就聚满了人。他们多是些二三十岁的女士，不过也有几位男士和年长些的女士坐在其中。另外，还来了一位十多岁的女孩子。

"大家早上好！"终于，明亮的嗓音在房间中回响起来。自那一瞬间起，所有人都忘却了窗外世界的存在。

这是一场怎样的讲习会呢？面向演示用的厨具，背对着板书用的白板，大谷由实子站在那里。这就是"未来食生存讲习"的开始。一种不可思议的紧迫感包围着房间。听讲的学员中，每个人都抱有不同的危机感和烦恼，可以说他们是为了"求生"而来的。不过与此同时，他们的眼中却闪烁着光芒。因为这场讲习会，给人们带来了一种预感："食"——食品、饮食活动——将开启新的未来篇章。

大谷的开场白是这样的："我既不是营养学专家，也不是烹饪专家。"听得此言，学员们有了些微的困惑。

"一直以来,我都在思考一个问题:明知道有一天肯定会死,为什么我们还是会出生于世?在不知不觉中,这个问题开始与每天都要重复的'吃饭'之事重合起来,不断地被提起。于是我开始想,'吃'究竟是怎么一回事?在这个过程中,我发现了一些东西。接下来我想把它们分享给大家。"

大家愣住了。不过,在我们心中,期待远比不安膨胀得更大。

"首先,我希望大家先把头脑'初始化'一下。请你们把现有的营养学知识、自然食品的相关知识等等,全都原封不动地收拾到一边去。然后,请想起那些我们的细胞在久远之前就知道的事情——那就是作为拥有生存意志的生命体的我们,本来具备的东西。让我们试着从那里重新开始吧。不是让你们学习新的东西哦。'智慧'应该是一直存在于那里的,只不过被盖上了盖子而已。我们就是要把那个盖子打开。并不是要把脑子想出来的东西强塞给身体,这么做可是一种虐待哦。让我们仔细听听身体的呼声,然后就从这里开始吧。"

眼见着,学员们的脸色变得明快起来。

就这样,为期三天的讲习会,开始了它的第一课。主题是,"想起那些支撑我们生命的东西,试着去感受它们"。

首先,是太阳。光、热,以及能量的源泉。植物及其光合作用。能源问题，臭氧层破坏与紫外线。

接下来是空气。释放出氧气的植物型生命体和消费掉氧气的动物型生命体。森林。空气污染，碳循环的不畅，还有过敏症的问题。

水。水占有我们身体的十分之七。如果不补充水分，人四天后就会死掉。山，河，海，云，雨。水的循环。水体污染，以及逐渐恶化的缺水问题。

然后，还有土。微生物矿物质和有机物。拥有生命的土。食物是被土壤养育而成的。土壤污染。地表土的流失与沙漠化。

太阳、空气、水、土，它们不只帮我们延续生命而已。不如说，我们的生命，就是太阳、空气、水、土的化身。可以说，我们就是太阳，是空气，是水，是土。在一天又一天中，我们通过"吃"这个行为，实现着自身与太阳、空气、水、土的一体性，并表达着它。

这里有两个表述"吃"本来意义的词语，"身土不二"和"一物全体"①。"吃"，就是把土地的生命力纳受到身体里。曾

---

① 原为佛教语。日韩等地因受汉传佛教影响较深，故常用古汉语佛教词汇来描述日常事物。但由于种种原因，该词的引申义与其原意有很大区别。在汉语中，该词作为佛教语使用的场合较多，但译者在本书中仅使用其引申义。

经,我们走到某个离家不远的地方,从土地里采集食物;而我们的生命,正是被它们养活的——这就是"身土不二"。不仅如此,食物本身,也是一个完整的生命。"吃"这种行为,就是把那个完整的生命,纳入自己身体的行为——这被称作"一物全体"。

从土地上分离的,匿名的,无条理的,不连贯的与不平衡的,部分的,分散的,没有生命的种种"食品";被从关系性中抽象出来,成为单独个体,被分类、还原为营养价值数字的,作为可替换的普遍记号的种种"食品";把分散的碎块组合起来,加工,甚至掺入各色人工添加剂,才得以制成的种种"食品"。凡此种种,都不能算是"真正"的、"本来"的食物。

大谷说道,在我们居住的街道上,超市的货架、餐馆的菜单、冰箱的冷藏室、饭桌,都被"可食用侵略者"占领了——它们都是些"长着一张食物般的脸孔,实际上却不是食物"的家伙。换言之,本来的、真正的食物,从我们身边消失了踪影。现如今,"吃"这件事本身,正处于危险之中。

"食品安全"问题带来的忧虑,正如雾霭一般覆盖着现代社会,并逐渐蔓延开来。参加大谷讲习会的学员,多是因为自己或家人的疾病而开始关心"食品安全"的。他们当中有不少人,已对自然食品、健康食品等有了较深的了解。不过,大谷女士口中的"饮食危机",指的不仅是食物本身的污染而已。"最近,人们终于开始认识到化学添加剂、过度加工将污染食物本身的危险了";尽管如此,却远没有认识到"饮食习惯污染"的危险。正因为人们的饮食习惯扭曲了,被污染的食品才得以横行。这样看来,只要我们不改变现有的饮食习惯,追求"食品安全"就只能成为妄想——这就是大谷女士的思考。(《未来食——有滋有味地在环境污染时代中生活下去》)

那么,包围着我们的饮食习惯污染,正处于怎样的状况呢?我们现在的饮食生活,与过去相比有了很大变化。大谷列出了以下七点:

一、"全体食品(具有完整生命、作为完整生物的食物)"变成了"部分食品(分散的、碎片化的食物)";

二、地方性食品变成了进口食品;

三、适量饮食变成了过剩饮食;

四、粗茶淡饭变成了饕餮宴席(大餐、酒席、零食等取代了日常饮食);

五、手工烹饪的家常菜变成了工厂生产的方便食品(通过机器加工,实现了规格化食品的大量生产);

六、天然食品变成了人工食品（人工合成的化学药剂，被应用于包括栽培、保存、加工、运输等在内的食品生产全过程）；

七、以植物性食品为中心的饮食生活，变为以动物性食品为中心的饮食生活。

大谷说，我们面对的课题，就是将这七个变化的箭头扳回相反的方向。因此对大谷而言，"未来食"不仅意味着关于食品或烹饪方法的提案——它试图对包括食品及烹饪方法在内的饮食生活全体，进行一次重新评价与研究。因此，这不仅是"关于生活方式的新提案"，更成为社会变革的号召书。

"在世界各地，包括日本各地，恢复本来的饮食习惯——扎根于地方水土的、在地区内自给自足的、养育生命的饮食习惯——都是当务之急……全面回归不依赖于工厂的饮食生活，选择那些从离自己不太远的地方采摘来的，被当地气候、水土养育而成的农作物，然后亲自烹调它，食用它。这才是在'可食用侵略者'的进攻中，保护自己的唯一办法。并且……这个方法也能让我们找回在不知不觉中放弃的某种'生命的喜悦'。"（《未来食》）

2
快餐和慢食

大谷由实子提到了七种"饮食习惯污染"。而集这七种"污染"于一身的象征,应该非快餐莫属了吧。所谓的快餐,并非意味着不耽误时间的、可以"随时享用、迅速吃完"的食物。它不仅是一类食品或烹饪方法,更象征着一种体现在围绕饮食展开的生活现状、人际关系、人与自然的关系、产业构造等等之中的样式与思想。不,不仅如此。现在,快餐现象早已扩展到了饮食之外。我们的生活本身、社会本身,都在朝着"快餐化"的方向行进。这就是乔治·里茨尔(George Ritzer)所指出的"社会的麦当劳化(The McDonaldization of Society)"。当然,除此之外,"快餐化"更是"全球化"的一个重要组成部分。

冷战结束后,麦当劳与可口可乐终于踏上了北京以及莫斯科的土地。当时,世界各大新闻媒体对此事的赞美,简直夸张到用"人类伟大的一步"来形容的程度。现在,西洋快餐店布满了俄罗斯的地盘。世界上,在连饮用水都没有的地方,仍然能见到可口可乐或百事可乐的踪影。如今①，麦当劳共在世界100多个国家和地区开设了大约28700个店铺。在它的老家美国，每天踏进快餐店的人数占到了成人总人口的1/4。30年前，快餐行业的年营业额是60亿美元，而今已经突破了1100亿美元的大关。

61%的美国人太肥了，他们被称作肥胖人口。因此，美国成了当之无愧的世界第一肥胖大国。（数据引用自World Watch研究所的报告。值得一提的是，据某项统计，在全世界60亿人口中，有十一二亿人口正在经受饥饿或粮食不足的折磨。与此同时，将近等量的人口，却在忍受肥胖带来的"痛苦"。）科学界已经逐步证实，快餐化直接导致了包括肥胖在内的种种健康问题。在美国，速冻炸薯条的人均消费量，从1960年的1.8公斤，猛增到了现在的13公斤。那些每罐中含有大量糖分——大约相当于十大勺砂糖——的碳酸饮料，它们的人均消费量也在这40年中猛增了4倍。（据统计，一个美国人每天平均喝掉500毫升软饮料。）而更可怕的是，就如众所周知的那样，快餐店最大的顾客群体是孩子们。

这绝不是隔岸观火。日本人在美国化和全球化方面，实在

---

① 日文原著出版社时的2001年。另据麦当劳官方网站2013年10月22日显示，其门店数量已超过34000家。

可以称得上是优等生了。不论是麦当劳、星巴克，还是迪斯尼乐园，它们都曾在日本创下过营业额的世界纪录。那些困扰现代人的健康问题，大多与食品的快餐化密切相关——这没有什么不可思议的。近年来，日本的肥胖人口数急速上升。现在的肥胖人口比例，在30至49岁的人口中已经超过30%，在总人口中也已经接近20%。根据日本厚生劳动省的测算，包括尚未确诊的患者在内，日本平均每十人中就有一位糖尿病患者。另外，糖分摄入量持续增大的问题，也已经变得越来越严重。由过量饮用甜味软饮料引发的"瓶装饮料综合征"［它的正式名称为"软饮料酮症"（softdrink ketosis）］，已经扩大为具有普遍性的社会问题。

大谷由实子提到，七个饮食习惯污染的箭头，正指向"快餐化"的推进方向。那么，将这些箭头扳回相反方向的，就是"慢食化"运动了。事实上，"慢食"这个词语，早已在全世界广泛地使用开来。

两年前，我从一位澳大利亚友人那里第一次听到了这个词语。慢食主义者们还组织了慢食协会，据说会员在全世界共有数万人。这令我非常感动。当时，正好是我决心成立"懒人俱乐部"的时候，因此分外感慨。那之后过了不久，某个大型食品厂商开始在广告中使用起"慢食"这个词语。我得知后，觉得有点失落。后来，我在去澳大利亚时，见到了当地慢食协会的会长。他开着张扬的红色跑车来到我们相约的酒场，很快便露出了美食家的真面目，进而大肆炫耀起其对葡萄酒和奶酪的研究。这让我感到更加的失落，几乎快要忘掉当初邂逅"慢食"这个词语时的感动了。不过，就在那时，我偶遇了一本很棒的书。它的题目是《慢食人生！》。

书的作者岛村菜津女士，是一位非常熟悉意大利的纪实文学作家。岛村邂逅了诞生于意大利的慢食运动，而这本书，就是她对其长达4年的探访之旅所作出的记录。在书的序言中，她写到了开始这次旅程的动机。从那里，既感觉不到日本人身上常有的崇欧之情，也感觉不到浮夸的美食家志向。让作者开始追求慢食的理由有两个——一是她自幼年起便在饮食生活中发觉的不协调感；二是她在来往于日本与意大利之间的长年间，从"现代饮食文明"中发觉的危机感。

在她小时候，"时间就是金钱。身处'快'压制'慢'的'高度经济成长期'正当中，吃饭慢会让孩子们感到丢脸"。她在学生时代，亲眼看见了"企业战士"们的身姿——午餐时间，在办公楼林立的丸之内①商业街咖喱饭专卖店里，上班族们在

---

① 地名，位于东京市中心。

转眼之间便把辛辣的咖喱饭扒拉进嘴里,然后离开。不知是否受了他们的影响,忽然之间,她也变成了一个快餐爱好者。她学会迅速地吞下食物,因此弄坏了胃肠。然后,她去了意大利。"哎呀,原来慢慢吃也是可以的!不,不仅如此,充分咀嚼那种可以慢慢享用美食的奢侈,在这个国家甚至是会受到鼓励的。"

可是,"在日本,才找不到这么好的事"。日本人才没有余裕,去像意大利人那样与家人或朋友慢慢享用美餐。那时,她想像在意大利时一样邀请朋友们共进菜肴,可是所有人都很忙。正因为大家都很忙,快餐才会充斥街头巷尾。速冻食品、真空包装食品、方便面、便利店卖的便当[①]、商场的熟食配菜、洋快餐连锁店等等,这些都是为大忙人而准备的。照理说,这些东西应该帮人们节省了大量的时间才对。可是尽管如此,大家还是一天到晚地忙来忙去。人们甚至忙得挤不出时间,去和家人见上一面了。

岛村的危机感变得越发强烈了。

"究竟从什么时候开始,日本人变得连慢慢吃饭都办不到了?超过四成的儿童患有过敏性皮炎湿疹,骨质疏松和动脉硬化逐渐向年轻群体蔓延,上班族过劳死,环境激素、二噁英、

---

① 盒饭、份饭。

还有尚未命名的现代病……这些现象，已经给整个社会投下了深重的阴影。而人们失常的饮食生活，正是这些现象的根源之一——我想，这件事应该已经被大家发觉了。"

"快餐综合征"蔓延的"这个国家，这样下去真的没问题吗"？岛村为此感到忧虑。据她说，快餐的流行，不过是"名为快节奏生活（fast life）的世界性癫狂"的表现之一。因此，慢食，决不只意味着相对于快餐的抗争。这场运动，正试图通过"食"，进行一次全面的反省。这样，我们才能对现代人的生活方式以及社会的存在方式，加以重新评价与检讨。

3
慢食运动的目标是慢生活

1986年，慢食协会诞生于意大利北部的乡下小镇布拉（Bra）。现在，它的总部仍在那里——这是非常重要的一点。作为一个已在世界上45个国家中，拥有6万会员[1]的庞大

---

[1] 2013年10月18日，该组织的主页显示其已在132个国家中拥有10万名会员。

NPO（非营利组织），慢食协会却依然把总部安放在它发祥的小镇上。岛村说，意大利人有一种有趣的说法。当某个人非常热爱自己的村庄，并非常享受在那里的生活时，其他的人就会半调侃半羡慕地说，"他坚信那里是世界的肚脐眼"。这样说来，我也曾经到访过一个被当地人称为"肚脐眼"的地方——那是玛雅人的圣地。

在冲绳，有个"读谷村"。尽管它的规模和人口数量，已经扩大到足以使其更名为"镇"或"市"的地步了，可村民们却仍然选择沿用"村"这个名称。这对日本来说可是个稀有而贵重的存在——日本人多信奉着"越大越好教"，人们为了能让自己的"村"升级为"市"，不惜把它与别的村合并起来。据说，读谷村的前任村长，一贯坚持着这样的主张："地球是圆的。所以不论什么地方，只要你把它当作地球的中心，那它就是中心。"（译补：因此对他们来说，执着于大小是毫无意义的。）

据统计，接近半数的意大利人，居住在人口数量不到5万的小镇或村庄里。岛村说，这是回归乡村大潮所导致的结果。然后，岛村在介绍某杂志上一组名为"时间贵人"的专题报导时说道："如今许多意大利人，都对这个不断加速的信息化社会感到疑惑。于是，他们转而开始追求起可以仔细咀嚼人生乐趣的慢生活来了。"可以想见，慢食运动，正是在这种返乡大潮与社会意识变化的大潮中诞生的。

接下来，我想把那篇发自"世界肚脐眼"的慢食宣言，全文引用在这里。

以维持快乐为目标的国际运动

我们的这个世纪，开始并且发展于工业文明之下。

人们首先发明了机器，然后以此重构了生活样式。

我们被速度奴役了。它搅乱了我们的生活习惯，侵害了家庭的隐私，甚至逼迫我们吃下快餐和方便食品。

名为"快节奏生活"的病毒，把我们都感染了。

现在，智人（homo sapiens）正面临着灭亡的危机。

我们作为名副其实的智人，必须得把自己从"速度"的攻势中解救出来。

而对抗这名为"快节奏生活"的、世界性狂乱的唯一途径，就是守护我们那安详的快乐。

人们把这种狂乱，错当成效率。

对于这种人，我们推荐以适量的、基于感性的快乐，与安详而持久的喜悦作为疫苗。

我们的反击,应该从摆满"慢食"的餐桌开始。

让我们重新发现家乡菜肴的美味与丰富吧。

这会让毫无个性的快餐和方便食品灰头土脸。

以生产效率为名,快餐和方便食品把我们的生存方式改变了。

它威胁着我们的环境和身边的景色。

因此慢食,才是目前唯一的、真正的、进步的解决办法。

真正的文化,将使我们能够品味的东西更加丰富,而不是让它们更加贫乏。

什么才能更好地促进真正的文化呢?经验与知识的国际交流?

慢食,与我们约定了一个更美好的未来。

因此,慢食需要大量的支持者,以推动其缓慢的步伐,使它从一个信念,逐步发展为一场国际运动。

这就如它的象征蜗牛一样。①

---

① 翻译时参照了英文版本。

慢食运动，并没有形成如金字塔一般严密的大型组织结构。相反，它在每一个地区，都有会员们自发组成的独立团体Convivia。这些分会构成了松散的网络，并以此开展国际（严密地说，应该是民际）运动。Convivia这个词汇里，包含着"共生""共餐"的意义。在回应岛村的采访问题时，慢食协会的一个干部曾经说道，"共同生活"与"共同进餐"，本来就是同一个意思。[请参照被伊万·伊里奇当作关键字使用的conviviality（欢乐）一词的意义。]

慢食主义者（slow fooder），首先应该是享受饮食乐趣的快乐主义者。他们可以"恬不知耻"地沉浸于饮食的欢乐中——如果少了这种欢乐，对快餐和方便食品的批判就会显得空洞无味；而且人们还会想，这是在强迫孩子和青少年们搞禁欲主义。试图用禁欲主义来保护美味的食物，当然是不可能的。就像宣言中所讲的那样，慢食运动对快餐的反击，是要在餐桌上开始的。

只有享受饮食乐趣的人们，才有心守护美味的东西，并把这种理念传达出去。慢食主义者们的另一个目标，就是去守护那些被本地的水土和文化，历经长年累月培育出来的传统食材、菜肴、饮料等等。他们对那些被埋没的传统饮食进行发掘，让锈迹斑斑的它们重新焕发出光彩。不过，这可不是单纯的保守主义。慢食主义者们对其他地区的饮食文化也抱有好奇心。从别人的食物那里得到启发,然后把自己的食物弄得更好更美味——在这件事上,他们充满了进取心。

慢食主义者们,特别珍惜那些提供高品质、安全、美味食品的小生产者[①]。为此,他们大力支持公平贸易,以及公平的商品流通。另外,他们也热衷于向孩子、青少年以及一般的消费者们,推行慢食教育。这样一来,他们就能从各自的"肚脐眼"出发,将"慢哲学"传达至全世界了。

4
慢食运动和反全球化运动

慢食运动充满幽默感。我想,这恐怕与该运动的本质有关。慢食的基础,在于充分肯定饮食的欢乐;他们正试图通过这种欢乐联系在一起。岛村的报告成功地传达出了这一点。并且,她的报告还使我们清楚地了解到,与那特有的幽默感共存的,是慢食主义者们对全球化现象产生的非同寻常的危机意

---

① 如家庭作坊、个体户等等。

识；为了守护地域性传统文化，他们甚至作出了近乎悲壮的决定——慢食思想的产生，恰恰来源于二者的结合。正因为如此，慢食主义者们特有的幽默，才时常化为痛烈的讽刺与社会抨击。

举例来说，岛村认为，慢食运动与以法国人若泽·博韦（José Bové）为中心的新反全球化社会运动紧密相连。

若泽·博韦居住在拉扎克（Larzac）地区的一个名为蒙特雷东（Montredon）的小村。他是一位农民，以生产著名的罗克福干酪[①]为生。1999年8月，发生在法国南部市镇米约（Millau）的一次事件使他闻名世界。那天，博韦与9名同道一起，驾驶着拖拉机撞毁了一间尚未建成的麦当劳门店，并因此遭到逮捕。在这起事件之前，作为一位反核环保运动家，博韦也曾采取过各种各样的直接行动。比如，他就曾经试图摧毁某跨国集团的厂房和设备，而那家集团从事的则是研发贩卖转基因农作物的买卖。

在他一连串行动的背后，隐藏着一个伏笔，那就是欧盟（EU）与美国之间的贸易摩擦。首先，不论国产还是进口，欧盟全面禁止在肉牛饲育过程中使用"促进生长的激素类药物"

---

① 法国南部出产的一种羊奶蓝霉干酪。

的牛肉销售。针对这项禁令，美国使出了其惯用手段：他们利用世贸组织（WTO）指责该禁令为"违反贸易自由化的、不公平的进口限制政策"，以强迫欧盟撤销该项条款。世贸组织的目标是推进经济的全球化；因此在处理这种对立状况时，该组织通常会选择通过支持跨国集团来促进贸易。尽管该举措可能会带来诸如不良社会影响、环境破坏、健康损害等问题，但世贸组织的一贯作风就是忽视它们。这在当时也是如此。世贸组织听从美国的主张，对欧盟的措施作出了不合法判定。

欧盟并没有接受世贸组织的判决。因此作为报复性措施，世贸组织允许美国提高部分欧盟进口商品的关税，这其中就包括博韦他们生产的罗克福干酪。

1999年末，当世贸组织在美国西雅图举行会议时，反对全球化的示威人潮包围了他们。这就是所谓的"西雅图之战"（the Battle of Seattle）。在这场抗议示威中，以博韦为首的"米约10"再次成为英雄，他们所受到的判决引起广泛争议。2000年6月，围绕这场争议，共有5万支持者（2000年7月15日《朝日新闻》报导称约有4万人），聚集在了米约镇上。参与示威的人们都穿着制服T恤，上面写着一句标语："世界可不是拿来卖的！"而这句话，正是由博韦所说。法国的舆论调查显示，60%以上的人，都认为博韦是"勇敢"而"诚实"的。

德内拉·梅多斯和赫尔·汉密尔顿（Hull Hamilton）曾经采访过这次事件。他们造访了博韦所住的村庄，并在那里发现了一些值得注意的事情。在这个仅有六七户人家居住的小村上，每周都会举行一次集市。每到那时，附近村庄的许多人就会拿着各自的农产品或工艺品赶来这里。人们一起将带来的食物烹调成美餐，分享它们，伴着葡萄酒歌唱，还有戏剧表演。在这里，生产者与消费者没有区别，大家组成了一个共同体。

在拉扎克地区持续了数个世纪之久的传统生活的基本形态，仍然在这里保持。他们那"慢生活"式的日常生活，与以麦当劳、转基因农作物为代表的"快生活"组成了鲜明的对比。而博韦的抗议行动，则刚好成了这组对比的象征。梅多斯与汉密尔顿这样说道："在被市场交换原理支配着的文化中，一切事物都将被商品化。我们的时间、知识、风景、水、食物，都是如此。相对于此，博韦以及那个共同体的人们，试图说'不'。'我们绝不会接受。我们一点都不想被卷入那种商业体系当中。我们拒绝把人和人的关系，人和土地的关系，甚至把自己的生命换算成金钱。休想把工厂生产的食物，借助世贸组织的手塞进我们嘴里。对我们来说，还有比自由贸易和便宜的食物更重要的东西。那就是，共同体、文化、味觉、劳作，还有自然。'"

在《慢食人生！》的尾声部分，岛村作出了这样的总结："夸张地来说，慢食，无非是通过放入口中的食物，来重新、充分地探讨我们自己与世界间关系的行动。这关系中亦包含着自己与朋友、自己与家人、自己与社会、自己与自然、自己与整个地球间的关系。"

如果您觉得这种说法太夸张了，那就容我在这里补充几句吧。快餐行业，确实正在不断地改变着地球的状况，以及我们的生存状况。有研究指出，那些注射进家畜体内的激素类药物，正改变着欧美女性们的体型和体质。儿童发育期提前，成人乳房尺码增大（即所谓的"巨乳症"），乳腺癌发病率上升等现象，都被认为与此相关。转基因作物（GM）威胁环境，以及威胁人类健康的危险性，早已引发了广泛的争论。即便如此，在养殖和畜牧行业里，试图将促进生长发育的基因移入哺乳动物或鱼类体内的研究，却仍在进行。比普通大马哈鱼生长速度快六倍的所谓"科学怪鱼"（Frankensalmon）早已在加拿大被"制造"出来。现在，围绕其商业化问题展开的争论，正闹得沸沸扬扬。

在欧美，反对派们把转基因食品称作"科学怪物食品"（Frankenfood）。不过从根本上讲，食品的"怪物化"现象，正是为了应对主张"更快、更简单、大量生产、大量流通、大量消费"的"大量经济"需求才产生的。也就是说,"快节奏生活"才是导致食品怪物化的罪魁祸首。在"科学怪鱼""科学怪鸡"之后,也许紧接着就会出现被科学技术改造的人类。难道你还没有看见人类怪物化的苗头吗?可以更快地长大,以更高效率发育的孩子们。他们会更早地脱掉尿布,更早地开始走路,更简单地记住各种知识,更快地变成大人。他们是"科学怪小孩"。

这样看来,慢食运动,也称得上是一场使我们对自己的现在与未来作出思考的运动吧。

5
杂粮的再发现意味着什么

让我们再次回到大谷由实子未来食生存讲习会的现场。在两节理论课之间,穿插着以大谷的朋友、同道——木幡惠女士为中心的烹饪实习。首先,她教我们做的是加入了杂粮的混合米饭,还有用海菜做的味噌汤。接下来,是炖菜、慢煮烤鱼[①]、

[①] 将干烤的河鱼和叶菜等加入淡味佐料慢慢煮制而成的菜肴。

拌青菜、酱菜泡菜。在我们操作的时候，大谷女士暂时充当了助手。她一边在学员们的桌子间来回巡视着，一边对我们说了这样的话："全谷（whole grains），当季的、采自土地的蔬菜，天然的海盐，海藻，这四样是必需食品。只要有了这些，人就能活得下去了喔。怎么样，很简单吧？"

木幡女士并不像其他人那样，一点一点精确地计量出食材和调味料的用量——这在烹饪老师中是很少见的。她会把一升装的酱油瓶子整个倒过来，或者随手猛抓起一把盐扔进锅里。一开始，学员们都为她捏着一把冷汗，不过大家很快便适应了那生动活泼的举动。"不要为小小不言的事情瞎操心。不管是做饭还是吃饭，一边倾听身体的声音，一边做就好了。这样，'马马虎虎'就会变成'刚刚好'。"大谷这样说道。"什么呀，原来这样做就好了嘛"，一向为做饭的事操心不已的家庭主妇们，露出了放心的表情。

第二次的烹饪实践课，是从用稗子、小米、黄米等杂粮蒸饭的方法开始的。然后我们学做了用杂粮炖成的浓汤，还有裙带菜和黄黏米的法式煸炒。第三次课则是从用荞麦粒、生麦片，rolled barley flakes（热压大麦片）的蒸饭的方法，讲到了烫荞麦面糕的做法，然后是薏米玄米（糙米）粥。

杂粮，这才是大谷所说未来食的支柱。在不那么遥远的过去，种种谷物曾经各自占据着世界上每个地域饮食生活的中心。可在不知不觉中，它们被人赶进了角落，塞进了一个名为杂粮的总称里。在日本也是一样。第二次世界大战后白米主义风潮之下的人们，像忌讳瘟神一般对稗子、小米、黄米之类的杂粮避之不及。终于，它们从大多数人的脑海中消失了。

在全球化进程不断推进的今天，整个世界几乎要被大米、小麦、玉米这三种谷物覆盖了。农业变得越来越像工业。农作物的生产者，不得不依附于提供种子的跨国集团，被国际化的市场运作玩弄于股掌之间。在不同的地区，被不同的生态体系与传统农业维持、培养出来的生物多样性，正在急速地消亡。人们吃的东西越来越同质化，饮食文化亦因此渐渐消失。

意大利的慢食主义者们，为了拯救濒临灭绝的食物，启动了"诺亚方舟计划"。和他们一样，大谷正在开展一项名为"国际杂粮食品论坛"的运动。她决心把那些曾经占据每个地区传统饮食生活中心地位的杂粮，再次端上人们平日的餐桌。不过，现代人似乎对杂粮并不怎么感冒。为此，大谷专门选出了"粒粒"这个词来象征杂粮食物，并为了推广它而编写出各种各样的食谱。她创造出了一套名为"粒粒烹饪"的料理体系。

1986年，大谷在东京设立了"未来食工作室·风"，并将其作为杂粮运动以及营业的据点。到了1990年,她把生活的据点搬到了山形县的一个山村里。从那时起,她便与丈夫还有4个孩子一起,实践着与生态系统和谐的、自给自足型农业,同时实践着扎根于传统,又充满创造性的、健康快乐的饮食生活。接着,在东京,大谷式饮食革命的另一个据点,"风之舞广场"现在正在建设着[①]。

大谷的每一句话、每一个动作与表情都是那么的生机盎然,这是在富饶的自然环境中生活的人所特有的。她那充满生机的能量,逐渐感染着居住在灰色大都会的学员们。"即使是生活在'钢筋混凝土丛林'的我们,每天也都在通过'食'——食物,饮食行为——与大地紧密地相连着。这样想的话就会发现,做饭真是一件不得了的事情呢!这才是'生存'的精髓所在。"

我想,大谷由实子的厨房和餐桌,大概是通向宇宙的。我们这些学员,也期盼着能通过她这名"灵媒",共感到宇宙的真理。

---

① 2013年仍在营业中。

第三章

超越《三只小猪》的故事
——慢住家与慢设计

在欧洲，我并没有遇到过一个可以让我自由地伸展手脚、悠闲地躺到席子上的小屋。这里的一切都亮闪闪地发着光，各种颜色大声地叫喊着，连闭眼睛都办不到。我没有度过一个真正平静的夜晚。这令我想起了那个除了寝席和枕头之外什么也没有，除了远渡重洋而来的和缓季风之外，谁也不会来访的萨摩亚的我的小屋——我从没有像现在一般眷恋过它。

《巴巴拉吉》(Der Papalagi)

1
从甘地小屋发来的消息

1978年,伊万·伊里奇为了出席一场关于"适用于第三世界的技术"的会议,造访了一个名为塞瓦格拉姆的印度村庄。在村里的一间小房子中,他坐了很久很久。而那间小房子,就是甘地曾在20世纪30年代居住过的地方。借着会议的开场,伊里奇在致辞中说到了他在那间小屋中度过的时光。他是这样描述的:

"朋友们,今天上午,我一直坐在那间圣雄甘地曾经生活过的小屋里。我试图把那仍然鲜活地存在于屋里的精神吸入体内,任凭它所传达的消息,浸透我的内在。"(伊万·伊里奇《鲜活的思想》)

接下来,伊里奇开始描写这甘地小屋的样子。大款们如果看见了它,也许要用鼻子"哼"地嘲笑了。这是一间乍看起来粗糙而简陋的房子——这使得它单纯而美好。从房间的布局上,透出爱与平等的精神。屋里有少量的家具。它是通过人们的双手,而不是机器,用木头与泥巴筑成的小屋。伊里奇说,那是一个与其用住宅(house)来称呼它,不如用"家"(home)来得更贴切的地方。那并不是一间"房产",而是一个过日子用的家园。

家（home），是为了住在那里的人们而存在的地方。而住宅（house），与其说是为在那里居住的人们而设的，不如说是为了让人们放置些家具，或者其他的日用品而设的建筑物。我们穷尽一生，不停地搜罗着那些本该让人们住得更惬意、更舒适的家具、器具、机械等物；但伊里奇却认为，那些东西绝不可能赋予我们"内在的力量"。甚至可以说，我们正变得越来越依赖那些东西，并因此逐渐失去生活能力。而我们的生活能力失去得越多，对它的依赖就越深重。伊里奇说，他在甘地小屋里见到的家具，并不会导致这种依赖症。不如说，它们都是些可以让人变得更自立的工具。

伊里奇是这样总结他的开场致辞的：

"甘地小屋向世界证明：我们应该如何做，才能让普普通通的人的尊严，得到滋养。"并且，这才是在考虑和探寻适用于贫穷的第三世界的技术时，所应持有的、基本的中心思想。

2
道格拉斯·范尔的树屋

那是长野县伊那谷的一个秋日。我和道格拉斯·范尔

第三章 超越《三只小猪》的故事——慢住家与慢设计

（Douglas Fir）一起坐在他的小屋里。温暖的午后阳光透过大大的窗户照射进来，充满了整个屋子。周围的竹林，如对和风低语一般沙沙作响。在玻璃门的那一边，宽阔的凉台上飘舞着落叶。我们从龙头里接出了美味的凉水，然后用它干杯。这个小屋距离地面有 5 米，是一间由好几棵树支撑起来的树屋（tree house）。

我们并不是在模仿汤姆·索亚。这里正是道格拉斯·范尔的家——他生活的地方。这是一座轻轻地飘浮在森林当中的小屋。在这个家里，有着被树木的清香环绕着的，简朴而美丽的陈设。那当中，有些必要的东西；可多余的东西一个也没有。因此它虽然小，却并不显得局促。这个家以谦虚的姿态，叙说着一场壮大的话剧。就像伊里奇在甘地小屋中的所为一般，我坐在道格拉斯的家里，想从这里展开自己的思考。

这个故事可以追溯到道格拉斯的孩提时代。他的父亲，是一位在美国宇航局（NASA）供职的精英技师。在父亲的严格管教下，道格拉斯度过了他不断反抗的少年时代。在那之后，他终于被父亲断绝关系，赶出家门。于是从那时起，他便把自己一直以来的绰号——道格拉斯·范尔，改做了自己的本名。道格拉斯·范尔（Douglas Fir），那是大量生长于美洲大陆西部的花旗松（又名北美黄杉）的名字。

尽管一直在反抗,道格拉斯仍然从身为创意人的父亲那里受到了强烈影响。在那个时代,美国的首要目标是赶在苏联之前登上月球,为此政府向 NASA 注入了巨额的资金。对他们来说,经费根本不成问题。因此在道格拉斯父亲的身边,远比普通商店里销售的产品更轻巧、更高效、更可靠、寿命更长的优良技术产物,简直要多少就有多少。这些高新技术,有的甚至被父亲拿到自家的牧场中做实验。

在 20 世纪 60 年代即将结束的时候,道格拉斯去了美国西部。他告别了保守的东部,去了加利福尼亚州——那里几乎是"反体制"的代名词。他来到了有着与他同名的花旗松森林的美国西海岸。

道格拉斯在大学里念的是经营学。在大学毕业的时候,他得知萨克拉门托州立大学创设了世界首个环境学专业。包括道格拉斯在内,日后被称为"第一代现代环境主义者"的知识先锋们,从美国全境聚集到了这里。在这里,他们受到了崭新的教育。从工程学到生物学,他们每一个人,都可以从由专家开设的丰富多彩的授课中选取他们所必需的部分,然后自己规划课程安排。与其说教授们是"教师",不如说他们更像指挥家或导演。"这件事我也不是非常懂,让我们一起学习吧"——教授们的态度如此谦虚。

道格拉斯的座右铭，是"Learn by doing"（一边干一边学，在实践中学习）。这是他在那段时间里获得的经验。并不是写篇论文就好了。除此之外，从太阳能源、森林学到园艺，他亦投身于各种项目之中。

此外，道格拉斯还参加了环境运动。比如，他曾一度热衷于反对核电站增设的运动，可惜以失败告终。接下来，他与战友们开始了"地球日"（Earth Day）运动。该运动于1970年在美国发起，它向全世界的人们提出倡议，号召大家在每年4月22日这一天共同探讨地球的未来。到了1972年，道格拉斯想在萨克拉门托的街市中央，开垦出一片田地来。"好吧，今年地球日的主题活动就是它啦"——于是事情就这样决定了。当时，在议会中心的旁边有一块闲置的州有土地，据说一年后它将被建设成停车场。于是道格拉斯他们便提出申请，希望能在那之前的一年间，将它借作"地球日"的活动用地。或许想借此提升自己的形象吧，当地政府给出了许可。

于是，道格拉斯他们便迅速登出了报纸广告，号召大家一起在市镇的中心，建起一片"生态乌托邦"来。参加活动的方法很简单：在一年中，花上12美元就能租到一片3米长3米宽的土地，租赁者可以随心所欲地把它营造成自己的花园。如果种得不好，就得把它让给下一位。申请参加的人蜂拥而至，过了不久,这片土地就有花开了。曾经冷冷清清的街道上,出现了一片了不起的花园。这里,就是日后引起风潮的社区菜园的先驱。不久之后,一年的期限到了。可是事已至此,谁也没有再提起把它改造成停车场的事。在那之后,这片花园渐渐被培育成了一个建有太阳能电池板和信息中心的生态公园。

道格拉斯认为,这个活动让他学到了很多宝贵的东西。只搞些抗议游行或反对运动,是远远不够的。与其搞那些,不如做出点更好的东西给大家看看——因为后者更有成效。这就是道格拉斯得到的启示。

在那之后,道格拉斯花掉 3 年时间巡游了欧洲、非洲和亚洲部分地区。他将下一个落脚点选在了日本。1980 年,当时他 30 岁。道格拉斯想在日本驻扎两三年,在这里建设起一个环境教育的据点。

在日本,他得到一家钢铁制品公司董事长的赏识,于是便打算留在那里工作一段时间。根据董事长的要求,道格拉斯提供了 10 个新产品的创意方案,其中有 7 个被采用了。在那当中,有一个关于人力叉车的提案。那是一种小巧轻便、便于组装和拆解,却足以抬起一辆机动车的叉车。

对道格拉斯来说,好的技术必定是简单的。与复杂的工艺相比,发明一套简单的工艺反而困难得多。因为在简化的过程

第三章 超越《三只小猪》的故事——慢住家与慢设计

中,需要用到哲学,还需要更加深沉的智慧与更加仔细地琢磨。因此,发明者往往需要花掉很多时间。从这个意义上来说,简约的技术,是可以被称为慢技术的。而与此相反,所谓的高新技术,即以"组装大量零部件的方法"为主要课题的技术,是复杂的。正因为如此,发明它们反倒比较容易。与简约的技术相比,高新技术中蕴藏的智慧,亦往往比较浅薄。

为了人的方便而强行改造自然环境,做到这一点的,并不能算是好技术。然而一直以来,人们发明出来的技术、制品,却几乎都是这种东西。另外,道格拉斯也不能赞同近期流行的所谓"生态设计"理念。他认为,人类终归不可能做出"符合生态系统规律"的设计——人们还是承认这一点比较好。因为生态系统本身,就是一件可以称得上"奇迹"的、大自然的"设计"。把自己放谦虚,从生态系统中不断学习、不断模仿,这种态度才是好技术的基本条件。

道格拉斯去日本,是为了建设环境教育中心。因此他必须得找个好地方。他对都市的生活已经感到厌倦了。最后,道格拉斯将教育中心的地址选在了长野县的驹根。他能举出这样几个理由:那个地区的日照时间很长,在全日本中能排到第五;水也很干净,还有绳文时代的遗迹;有风,空气也好。那是一片被高山环绕其中的明媚风光。而且,那地方还位于日本列岛的中央。道格拉斯认为，这个地理位置会让教育中心更容易在社会上引起关注。

把家搬到驹根之后，道格拉斯决定在那里建一座演示用的房子。Demo house，那是一个人们只要去了那里，就能感同身受地了解到生态主义生活方式的住房。这间房子只要存在于那里，就能比耗费口舌更清晰地传达出他的思想。于是，他的树屋，就在这样的想法中诞生了。

人们在建造一般建筑时，往往只关心它的强度，却对它的重量毫不介意。树屋并非如此。这是一座应用了航空力学的房子，因此它轻得简直无法用常识来考量。尽管树屋上装着很多玻璃，但它的总重量仍然仅有 2.5 吨。它很轻，这意味着它消耗掉的资源很少。树屋的柱子和房梁，尽可能使用了回收再利用的民房建筑废料；树屋的墙壁，则是把聚合木板和泡沫塑料层叠起来做成的。其中的聚合板，是用一毫米大小的木屑与木片压制而成的；而泡沫塑料，也选用了不释放有毒气体，并且可以回收再利用的种类。树屋的窗子上，还装了双层玻璃，这使它的隔热性能变得更好。

它的强度，也是经得起考验的。在一场暴风雨中，附近的树被吹倒了，可是树屋却纹丝不动。支撑着这座 2.5 吨重建筑物的，是自然生长着的 6 棵树木和几根新加上的柱子。它们可以柔软而圆滑地吸收掉从任何一个方向施加的冲击。根据测算，这些树木和柱子足以支撑起比现在的树屋还要再重2吨的物体。即使支撑的树木摇晃，建筑物本身也不会动。就连树木和建筑物的连接部件，也为了尽量减轻树木的负担而做了特别的设计。这些连接部件，每年都要重新调整松紧，以使它更好地适应树木的生长状况。并且，在建设树屋的时候，为了不破坏周围森林的植被，建筑材料都是用升降机吊到半空运来的。

登上一段像桥一样的木制斜坡，走向树屋的我们，仿佛去拜访一个独自隐秘在竹林中的、潇洒的茶室。一进门，眼前就是一个10平方米左右的明亮房间。可以感觉到，这个房间与屋外的空间有着很好的连续性。因此它虽然小，却并不局促。建材的天然木料，散发着令人爽快的香气。头顶上的阁楼用作寝室；左手边是洗碗池。右侧的墙壁，装着像忍者小屋一般的巧妙机关，打开它，就可以看到藏于深处的卫生间和浴室。

在树屋的微生物降解厕所（compost toilet）里，大小便是分开处理的。尿液可以简单地被微生物分解，而大便则可以在一周后变成肥料。树屋的生活用水，百分之百来自雨水。这些雨水流过用枯树叶、活性炭等制成的过滤装置，然后被储水罐收集起来。道格拉斯自己开发了一套臭氧杀菌系统。经过过滤的雨水，在杀菌之后即可拿来饮用，或用作洗涤、沐浴等的生活用水。排出的废水，会经过一次沉淀，然后流向室内的净化系统。它先流过三棵盆栽，然后顺次流入沿着窗边安放的三个玻璃水槽。水从第一个水槽，逐渐流入第二个、第三个水槽，在这个过程中，它变得越来越透明。废水在这个系统中循环一次，大约要经过一周时间。在这个系统中，水经历了土、植物、光、微生物的净化。然后，它会根据需要被树屋再利用起来，如果当时雨水充足的话，也有可能被排放回土地里。

树屋的电力也是自给自足的。在这里，应用了一种名为风力太阳能混合发电的高新技术。发电机产出的电能，会自动充入埋于地下的电池中，以供给道格拉斯平日使用的水泵、照明、立体声音响、视听设备等机器。即使这样，电力仍然多得用不完。这得益于道格拉斯简朴的生活方式，同时也得益于建筑物本身出色的隔热效果、空调效率、日照时长等等。在这里，对高新技术的依赖，已经少得不能再少了。

关于树屋的能源规划，道格拉斯进行了极其仔细的推敲调研。他花了两年时间，对风向、风力、太阳的方向、阳光强度，还有地下的热能等进行了细致的数据收集工作。然后，依照这些数据，他做了严谨的模拟实验。在那看起来华丽的高新技术背后，隐藏着道格拉斯待在山中，与林木、风、阳光、土地、水为伴侣，充分度过的缓慢的时间——希望您不要忘了这一点。

"这个环境教育中心项目，不过刚刚完成它的地基。本来只打算在日本待个两三年，结果现在回头一看，20年都过去咯。"道格拉斯这样说着，笑了。

对于道格拉斯这个来路不明的老外，当地的老百姓曾经抱有强烈的抵触情绪。特别是他的生态主义思想，曾一度被当地人当作新兴宗教来看待。而另一方面，道格拉斯对曾经栖息于各个地域上的传统智慧给予了高度评价，这使他受到了来自发展至上主义阵营的激烈批判。时至今日，我们仍然无法断言他的理念和生活方式受到了当地老百姓们的认可。但即便如此，对他的环境商业理念产生共鸣，并打算和他一道经营这一事业的人们，还是一点一点增加了起来。道格拉斯先后成立了4家公司，它们分别经营着以臭氧系统为核心的工业用空气、水质净化装置，太阳能、风力发电等自然能源相关设备的开发和销售业务。现在，道格拉斯从一线退了下来，他开始着手于氢能源燃料电池的开发。

在经营商业的同时，道格拉斯还在筹备一个名为"地球管家研究所（Earth Steward Institute，简称ESI）"的环境学专业研究生院。为了让这个研究所在2003年可以开学，他们正做着种种准备。这里的课程为两年制，学生毕业后可以拿到美国的硕士学位。在教学中,该院应用了道格拉斯本人在20世纪70年代初期的加利福尼亚学到手的"Learn by doing"实践性学习法。因此在课程中,包括了一年级时在美国,二年级时在尼泊尔进行的长期研修活动。

在推进这诸多事业的同时,道格拉斯并没有待在长野不动。因为工作需要,他经常会去北美和欧洲出差。除此之外,每年他还会拿出些时间,在另一个"心灵故乡"——某个位于尼泊尔的贫寒山村中住上一段日子。和驹根的树屋相似,道格拉斯打算在那个小村里,再次创造出一个展示生态主义式地区发展方向的模型来。

道格拉斯的爱好是巡游各地的温泉,还有爬树。在树屋的旁边,开辟着一方以"朴门永续农法"(Permaculture)[朴门永续农法运动,是一场由澳大利亚人比尔·莫里森(Bill Morrison)提倡的,以有机农业为中心的、生态主义式生活实践运动]经营的农场,而在它的一角,则设有一个太阳能露天浴池。在天气晴朗的夜晚,道格拉斯会爬到高高的树上,在吊床里躺一会。他觉得,时不时地搞上这么一回,从猫头鹰呀树懒的角度来看看这个世界,也是挺不错的。

道格拉斯还有一个格外"慢"的爱好,那就是造飞机。在地球管家研究所的规划地点有一个仓库,里面放着尚未完工的

第三章 超越《三只小猪》的故事——慢住家与慢设计

飞机。它的燃料,是用回收来的食用油制成的生物柴油。道格拉斯平时很忙,拿不出多少时间来建造飞机,因此作业的进度很慢。不过按照道格拉斯的打算,如果一切顺利的话,数年后,当地球管家研究所走上正轨,他便会驾着这架飞机踏上环绕世界一周的旅行。

"这个计划,只有一点令人不爽的地方。"某天早上,道格拉斯一脸严肃地对我说道。仓库的角落里设有一个厨房,说这话的时候,我正站在厨房前面,一边眺望着飞机灰色的机身,一边享用着他亲手烹制的早餐。"那就是,每当我的飞机起飞以后,机舱里就会充满麦当劳汉堡包一般的气味。"

3
秸秆住宅——慢设计

来讲讲关于"飞天小猪"的故事吧。这个位于澳大利亚南部乡下小镇的"B&B"(提供住宿和早餐的旅店),有个时髦得不得了的奇葩店名。不知道是不是因为接受"从日本远道而来的'懒人俱乐部'的视察"而感到紧张,初次见面时,店主莫林(Maureen)给了我们冷淡而难以接触的印象。据说,最近有个日本的口香糖生产商在这里拍了他们的产品广告。不过，广告商之所以选中这里，是因为看中了那长满了香草的院子和周围的田园风光，而对店主引以为傲的"秸秆之家"漠不关心——这引起了莫林的不满。

秸秆住宅，用英语说的话，就是 straw bale①house。它的墙壁，是这样做成的：先把秸秆压缩成长方体的砖块状物，再把它们堆积起来，然后把垒砌的墙面用土固定好。莫林女士带我们参观秸秆住宅，渐渐地融入了我们。不久，她便露出那富有亲和力的笑容，接连地开起了玩笑。与我们同行的建筑设计师大岩刚一，这样记录了当时的情景：

"……厚厚的秸秆做成的墙壁，酝酿出一种不可思议的质感，整个室内被这种质感充满着。还有铺满未挂釉瓷砖的地板；印有花朵图案的、宽敞舒适的沙发和暖壁炉。墙壁太厚了，使得窗户深深地探入墙壁，看起来像凸窗一样。在那窗边和床头柜上，装饰着莫林白天采摘来的鲜花和野草。在莫林的心里，似乎仍然生活着少女时代的她。而这个秸秆之家，简直像那位'少女'所描绘出的梦幻小屋一般。"[《秸秆之家的宇宙》(《藁の家の宇宙》)]

---

① 学术用语为"秸秆压缩块砌块"。

第三章 超越《三只小猪》的故事——慢住家与慢设计

近几年来,在北美洲和澳大利亚,秸秆住宅作为究极的生态建筑而受到人们的关注与好评。首先,它有着超群的隔热能力。研究发现,秸秆住宅的隔热能力是一般所谓"高隔热型住宅"隔热能力的二三倍。拿"飞天小猪"来举例,当冬天户外气温只有5摄氏度的时候,它的室内温度仍可以保持在16度;而在户外温度高达40度的夏天,在不开空调、不使用遮光窗的情况下,室内气温却只有24度。除了卓越的隔热能力之外,它的吸湿能力、隔音效能也都很好。这使住户得以过上舒适而节能的生活。

秸秆住宅的建筑成本很低,消耗的资源也少。它最主要的建筑材料是秸秆。与需要生长数年才能成材的乔木不同,秸秆作为粮食生产的副产品,每年都可以大量生产。而且,如果地区内就有水田或者旱地的话,在当地就可以完成建筑原材料的供应。在加利福尼亚州,一直以来人们都会对收获后的稻秆进行焚烧处理。近年来,随着大气污染防治法的推行,这种处理方法被禁止了。以此为契机,秸秆住宅开始在当地受到广泛的关注。

秸秆住宅的耐久性、抗震性、防虫性,均已在北美和澳大利亚通过了实验认证,甚至已经获得了一部分州的法律认可。喷火器点火实验,也使其耐燃性能得到了证明。

另外，秸秆住宅的建筑方法也是比较简单的。即使你不是专家，要想参与到它的设计和建筑中去也不难——这是很重要的一点。我在加利福尼亚州见到的这些秸秆住宅，不论哪一间都是由房主亲自设计和施工的。在这个过程中，房主成为核心人物，他与家人、亲戚、朋友等等，一起手工搭建起一幢房子。我还在洪堡郡见到了一间尚未完工的两层高拱形秸秆住宅。在建设中，他们并没有选用水泥这种高能耗的建材，取而代之的是由石头叠成的地基。并且房主还依照自己的理念，尽量避免了木材的使用。这位房主也像"假日木匠"那样，只在周末盖他的房子。到了雨季，他就会把工程停一停，等旱季来了再接着盖——这真是一种慢慢享受乐趣的建筑方式。

秸秆住宅，就像过去的一切民居那样。组成它的建材，是当地土生土长的、自然的原材料；在完成使命之后，它们还会在某一天回归于那片土地。这是再自然不过的事情了。可为了再次确认它，我们却不得不远渡重洋。

我们在"飞天小猪"里度过了愉快而安稳的一晚。到了早上，当我们从二楼的寝室走下楼梯时，莫林正迎着我们，并露出了像迎接多年老友一般的笑脸。那天的早餐，是手工烘焙的、仍然带着热气的面包，自家制作的草莓果酱和大黄酸甜酱，还有添加了甜杏沙司的酸牛奶。对于那一夜的"空间体

第三章 超越《三只小猪》的故事——慢住家与慢设计

验",大岩这样表现道:

"室内弥漫着难以名状的静寂和某种醇和、丰厚的气氛。秸秆的质感从土墙深处渗透出来。自始至终,这种质感一直密不透风地包裹着我们。时间流动着,平稳而令人满足……"(《秸秆之家与慢设计》)

大岩正在琵琶湖边的一所大学里教书。从多年前开始,他就一直关注着在琵琶湖生态系统中起到重要作用的芦苇。芦苇秆编成的苇帘,自古以来就是该地区的特产。在为了培育、收获芦苇而设的苇田里,每当冬天过去的时候,人们都要把去年的芦苇割掉——这可以让来年的芦苇生长得更健康、更坚实。像传统的林业或稻田一样,人们经过长年累月的耕耘,在苇田中培育出一套平衡的生态系统来。当然,人们的营生也自然地包含于其中了。后来,塑料等化工合成材料的普及,削弱了芦苇的经济价值;湖岸土地开发的推进,亦使苇塘遭到了迅速破坏。现在,芦苇塘只残留在琵琶湖的边边角角中了。不过近几年来,人们开始关注起芦苇对水质净化所产生的作用;不仅如此,作为建筑材料的芦苇,其价值也逐渐得到了人们的认可。

琵琶湖畔开展起一场致力于芦苇塘再生及其可持续利用的运动来。当地的芦苇编织手艺人成为该运动的中心。一直参与其中的大岩,在邂逅了秸秆住宅之后,终于摸索出了"慢设计"（slow design）的概念。

"所谓设计，就是指对那些构成自己生活的条理和方向性进行发掘，并赋予其形态的过程。这世上有些事物，或是细小的，或是朴实而谦逊的，或是我们曾经失却的，抑或慢悠悠地持续着、循环着。有一种设计，就是为了再次发现这些事物的意义，并且为了再次把居住的意境和技术，取回到我们自己的手中而存在的——就让我们试着以'慢设计'来称呼它吧。"

让我执着于秸秆住宅的，还有另一个理由：它令我想起那则名为《三只小猪》的著名寓言。故事中的三只小猪，分别盖起了秸秆房子、木头房子和砖房子。结果，盖了结实又安全的砖房子的小猪最聪明。这只是一个平淡无奇的故事；但从这个故事里，我感到了某种近乎恶意的、欧洲中心主义式的用心。长久以来，在全世界的殖民地上，西方人一向利用类似寓言吹嘘出西方文明的优越地位，并以此蔑视着原住民的文化。只要将故事中的砖头置换成混凝土，那么这则故事，就可以原封不动地成为鼓吹现代主义（modernism），以及20世纪后期的发展主义意识形态的理想寓言。直到现在，在日本这个混凝土人均消费量位居世界第一的、土木工程的国度里，幼儿园中懵懵懂懂的孩子们，仍然在大人的安排下表演着《三只小猪》的童话剧。不仅如此，大人们仍然继续教孩子崇拜混凝土，并且教他们去蔑视那些曾经居住在用秸秆、木材、纸张、泥土造成的房子里的祖先们。

从《三只小猪》到"飞天小猪",我们必须把这个故事彻底颠倒过来才行。来把它改写成一个关于"慢住家"(slow home)的故事吧——在漫长的岁月中,从大地汲取养分而成的、被文化赋予了形态的慢住家的故事。

第四章

把"好事情"和"喜欢做的事情"联系起来——慢商业的可能性

I believe in rain, in odd miracles, in the intelligence that allows arctic birds to find their way across the Earth.

　　　　Paul Hawken, *GOLD IN THE SHADOW*

　　我相信雨。我相信出人意料的奇迹的发生。并且，我还相信那些引导它们毫不迷惘地飞越地球的、北极鸟的智慧。①

　　　　保罗·霍肯，《阴影中的金子》

---

① 参照日文版译出。

1
藤村靖之的"发明创业学堂"

那是二月末的某一天。凌晨,天还没有亮。在大阪湾的岸边,填海造地而成的公园小路上走着十几个男人。雨停了,不久之后,云层渐渐地泛起一层微光。鸟儿们开始叽叽喳喳地鸣叫起来——听起来它们似乎还不想起床。有船从我的眼前驶过。船上如果有人看到我们的话,也许会把这一伙人当作刚刚上岸的偷渡者吧。

科学家、发明家藤村靖之先生主持着"发明创业学堂"。这正是学堂集训的某个早晨的情景。按照藤村校长的提议,学生们在天还没亮的时候就起床了。待在原地不动的话会很冷,所以大家不停地走来走去兜着圈子。藤村的脸上泛起有些害羞的笑容,他将这个早上的集会称作"视觉探索"(vision quest)。视觉探索,是北美洲印第安人的一种成人仪式。在这个仪式中,少年必须在荒郊野外度过许多天的流浪生活,在经历了各种各样痛苦的试炼后,他将看到一种视觉幻象(vision)。印第安人认为,这种幻象就是来自上天的启示。

对此,藤村是这样说明的:世界上的人可以分成两类,一类人总把人类的地位排在其他生物的前头——这就是作为征服民族的我们；而另一类人，则是不将人类与其他生物分出高低等的原住民族。我们的这次"视觉探索"，就是"模仿原住民族，试图把被百分之九十五的欲望、不安、恐怖包围着的现在的自己，在一瞬之间解放出来"的活动。他说完这话，接着又补充道，"如果做不到百分之百，哪怕解放出百分之五十来也好"。——"莫名其妙！这话听起来好可疑喔。"学生们听了藤村的话，有点难为情似的笑了。不过大家还是六点钟就早早起床，毫无怨言地在黎明的公园里走来走去。大家的脸色都十分严肃，仿佛真的在等待视觉幻象降临一般。

发明创业学堂的学生中人数最多的，要数中小企业的经营者了，其次是各大公司的职员，还有来自前沿科技企业的精英工程师。此外，NPO活动家、大学生等也参与其中。在集训开始以前，藤村对我说道："我们这个团体的成员虽然来自三教九流，不过大家都有一个共同点，那就是，大家都在心里想着，'不管怎样，总之我想找点好事情做做'这样。"

集训的第一天开始于藤村的讲课。课堂上，藤村对迄今为止数个月以来，每月两次举行的研讨会内容作了要点回顾。我一向认为，面向公司职员的研讨会是生硬而死板的，不过这里轻易地击碎了我的想象。研讨会的氛围，看起来简直和街道组织的联欢会、假日木匠或者园艺爱好者的同好会差不多。不论是藤村的讲话，还是学生们的反应，都充满了俏皮话和笑声。

"发明和创业的出发点，在于'做好事'的想法（即发明的社会意义），与自己的'爱好'相重合的地方。"藤村如是说，"如果你只想着'做好事'，那就坚持不了多久。试着问问自己，你是为了什么而发明，为了什么而创业的吧。我想，每个人都能给出不一样的理由。现在，我们姑且把那些理由粗略归结为'为了让自己过得更幸福'吧。好，那么所谓的幸福是什么呢？又是一个难以回答的问题。对此人们大概能讲出五花八门的道理来吧。不过我们用不着理会它，总之试着为'幸福'下个定义看吧——比如'又做了自己喜欢的事情，又受到了别人的尊敬，而且还能因此获得利润'这样。

"从'做好事'的想法和'爱好'出发，接下来，我们还得让发明成为一项'事业'。来把自己定义为可以生产出利润的企业家吧。因为如果没有盈利的话，难得的'好心'和'爱好'就都无法持续下去。而这一点，就是我们与政治家或志愿者不同的地方。"

说到底，还是在鼓吹拜金主义吗？"不"，藤村给出了斩钉截铁的回答。按照藤村的说法，仅仅为了赚钱而搞发明的话，是什么也做不出来的。为什么呢？因为，拜金主义的原则是"为了赚钱，做什么都可以"。因此为了寻找一个赚钱的好点子，人们通常会东张西望。这种"三百六十度，不论哪个方向都行得通"的自由，会损耗发明者的集中力；而这种集中力，正是发明的原动力。另外，拜金主义的本质，存在于"你追我赶"的无休止竞争当中。而这种"你追我赶"式的竞争，恰恰发生在一条早就被人铺设好的道路上。人们拼命奔向同一个方向，所要竞争的无非是谁会暂时领先而已——这又是一个与发明相矛盾的保守性原则。当今的企业，几乎都醉心于所谓的"尖端科技"，孜孜不倦地追逐着流行的技术。如果运气足够好的话，他们就能赶上潮流的顺风车，将仿制出来的山寨货推销出去。惯用这种思路的人，是不可能搞出发明来的。

  听了这话，我想起了藤村曾经讲过的一个故事。来设想一下第三世界国家中的某个尚未通电的地方。那里有一个人，在对爱迪生的发明一无所知的情况下，"发明"出了电灯泡。那么，恐怕没有人会将这个电灯泡当成一件新发明吧。可它难道真的不是一件发明吗？藤村讲这个故事，大概是想说明"搞发明"与"立足潮流尖端"的不同之处吧。的确，在我们这个现代社会中，到处都充满了新奇的"尖端产品"。不过事实上，真正的新东西却很少，很贫乏。"毋庸置疑，发展中国家是'落后'的"，发达国家的人们总是这样想。不过，这所谓的"落后"是有前提的。那就是，必须假定发展中国家，会沿着发达国家跑过的赛道，向着"时代尖端"赛跑。可是，这个假定就一定是正确的吗？

藤村继续上着他的课。当企业的概念确定下来之后，接下来要做的，就是确定商品的概念了。至于搞发明，则是更靠后的事情。其实，藤村教给大家的这套流程，和一般的发明程序是不同的。不过对一个打算通过发明创业的人来说，这套程序却能帮他定好着眼点，并让其精神变得更加集中。"一件商品，能体现出制造它的人的思想。"这样说着，藤村讲出了几件奇闻轶事。学生们大笑着听完了他的故事。

有个大学教授，利用液晶"发明"出了可以"一年四季观赏"的人工萤火虫。一个大企业的项目团队，正在研发名为"自动化之家"的，连开门都用不着住户亲自动手的住宅。某企业的御用科学家，"发明"出了添加化学药剂以达到抗菌效果的内衣。藤村经常会遇到搞出这种东西的发明家，他们来拜访藤村，希望能得到一些意见。据说，每当遇到了这种人，藤村只会问他们一个问题——"你会让自己最爱的宝贝孩子，用那件东西吗？"

有件事是不能忽略的：一件商品，不仅能体现出其制造者的思想，同时也能体现出其购买者或使用者的思想。因此，这也关系到市场销售的问题。迄今为止，我们从教科书上学到的市场销售，简单来说就是这么一回事："一群思维陈旧的人，向另一群思维陈旧的人,以一种陈旧的办法,卖一些旧的东西。"藤村校长概括道。这是面向大企业的市场销售原则。在该原则横行的世界上,"崭新的东西不可能畅销"成了各大企业的常识。比如,某家企业要销售一款"新型"汽车。这只不过是把一种早就人尽皆知的,名为"汽车"的旧东西,以一种"推出新产品啦"的陈旧营销手段,卖给一群早就等在那里的购买者而已。而发明创业者的市场营销,则是"一群'新鲜人'向另一群'新鲜人',用一种新鲜的方法,卖一种新鲜的东西"。从教科书式的常识来看的话,这个原则几乎是不可能成立的——它简直像一个奇迹。"我们这群人,就是为了制造奇迹才聚集在这里的吧。"藤村校长说道。听了这话,学生们报以爽朗的笑声。

为什么蠢东西往往会卖得很好?"因为消费者都是蠢货",一直以来,商品的生产者、销售者总是这么想。不过,蠢东西卖得好,难道不是生产者、销售者所造成的结果吗?事实上,消费者一点也不傻,只不过他们没办法自己生产产品罢了。因此,消费者们只能从市场上已有的东西中选择自己需要的。换言之,只要有选项,消费者就有选择的能力。从这个观点出发,可以得出一个努力的方向,即商品的生产者们应尽量为消费者提供更多的候选项目。同时,技术员则应当向消费者们坦

第四章 把"好事情"和"喜欢做的事情"联系起来——慢商业的可能性

白那些一直以来都被隐瞒的、在业界成为常识的事实。比如，他们应该告诉消费者，"在任何方面都表现优异的完美商品"是不可能存在于世的，等等。不论是研究员、技术员还是生产厂商，都有必要更加谦虚地面对消费者。在做生意的时候，把自己看作一个有缺点的人，求得消费者的宽容。

本来，不论是企业还是消费者，应该都是有鉴赏能力的。不过，藤村说，其实这两者的鉴赏能力并不分别存在，而是相辅相成的：一方提高了，另一方也水涨船高；一方降低了，另一方也跟着下降。为了证明这一点，藤村举出了几个例子。在 30 年前，生产企业并不会向肥皂配方中添加防腐剂。即使在当时，人们也早已知道防腐剂能够预防肥皂的皲裂，而且添加防腐剂也不是什么难事，只要想做就能做到。不过，却没有人那么做。为什么呢？也许那时候的人们认为，往肥皂中添加防腐剂并不是什么好事情吧。——我们姑且认为，当时的人们尚未对防腐剂如何影响地球环境有着详细了解。不过即便如此，从肥皂制造商的鉴赏能力来看，防腐剂也算不上什么好东西。此外，还有一个原因：即使不加入防腐剂，消费者们还是会买肥皂。这也可以说明，在"肥皂的评价标准"上，消费者和生产者达成了共识。

闻起来香不香，会不会产生裂纹，颜色好不好看——这些属性对一块作为商品的肥皂来说，本来并不重要。如果要排个顺序的话，气味、光滑度、颜色的重要程度，大概只能排在第五六位的样子。人们决不会让这些属性，与重要程度排在前三位的属性相抵触，或者为了它们而牺牲掉更重要的属性①。而现在的人们，则已彻底丢掉了判断孰轻孰重的眼光。如果有生产厂商愿意和消费者一道，再次将这种眼光培养出来的话，那么，在这努力当中，就隐藏着新型商业模式的巨大可能。

好，在和校长一起复习完之前研讨会的重点内容之后，终于到了学生们着手发明的时间了。大家分成三四人的小组，花掉整天时间，专注于探讨每一个问题：从社会意义、企业概念、商品概念、设计发明，到市场营销理念，就这样慢慢地推进下去。在这个过程中，每个团队的讨论，都要一次又一次地在全体会议中被重新评议，接受校长的批评，慢慢地推敲、打磨下去。

2
瑞典式慢科学和慢技术

我与藤村相遇在巴西。当时，我们都参加了共同的友人中

---

① 比如，为了让肥皂清香并且光滑，牺牲掉它能用来洗衣服的属性。

第四章　把"好事情"和"喜欢做的事情"联系起来——慢商业的可能性

村隆市所主持的一次旅行。中村经营着一间名为"窗口农场"的公司，销售有机无农药栽培的咖啡制品。在这次旅行中，我们三人一起参观了位于米纳斯吉拉斯州的有机无农药咖啡农场，还出席了一次关于有机咖啡与公平贸易（后述）的国际会议。

在餐厅用餐的时候，在街上散步的时候，抑或在公共汽车中，藤村向我讲述了各种各样的事情。他的话令我感到吃惊。其中最吸引我的，就是这个科学家的"玩乐思想"，可以将"有益于社会的事情"和"自己的爱好"轻而易举地结合起来。首先，他希望自己和家人，可以以便宜的价钱享用到又美味又安全的食物和饮料。于是他便自如地运用起各种酵母，手工制造着诸如面包、奶酪、酸奶、味噌（日式黄酱）、咸酱菜、纳豆、啤酒、葡萄酒等发酵食品。为了能睡个舒服觉，他便发明了新型睡床；为了有个好的室内环境，他发明了空气净化器和除湿器；为了能喝上安全又美味的凉水，他发明了净水器；为了能享用到刚刚出锅的、香味浓郁的烘焙咖啡，于是他就发明了手工咖啡烘焙器。除此之外，他还特别喜欢游泳，一次都不能缺；作为爱好的大提琴演奏，也达到了半职业水准。

藤村的话，还给我留下了另一个鲜活的印象：在他那玩乐之心的背后，时刻伴随着严肃的伦理观念。初次见面后没过多久，藤村就将儿子生病的事情讲给了我。而这也促成了他人生的转折。在儿子发病以前，藤村作为某大型企业的热力工程学研究室主任，曾一度活跃于日本科技开发事业的第一线上。可是，在1984年，他两岁的儿子——那可是他在空气清新的海边城镇精心养育的孩子——患上了过敏性哮喘。以此为契机，藤村从公司辞职，开始着手于过敏症问题的研究。与此同时，他成立了一间名为Kankyo[①]的公司。不久，该公司发售了由藤村发明的Clear Veil空气净化器，并在国内外创下了250万台的销量。

随着对过敏问题调研的深入，藤村逐渐知道了许多未曾听说的事实。首先，2%的日本儿童，正在遭受哮喘症状的折磨，其中每年约有600人因此殒命。在我和他初遇的那年，包括哮喘在内的过敏症患儿，已经占到日本儿童总数的25%（如今[②]已攀升至50%）。藤村指出，导致过敏症患儿数量上升的主要原因之一，就是环境——特别是室内环境的恶化。而环境恶化的要因，则被认为是化学物质的泛滥。藤村自己调查了日本市面上销售的被褥。结果他发现，从这些被褥上可以检测出多达28种的化学物质。此外，另一个引发过敏症发病率上升的重要因素，是人们体表及体内微生物数量的急剧减少。藤村参与

[①] 该名称发音与日语中"环境"一词同音。
[②] 2001年。

第四章 把"好事情"和"喜欢做的事情"联系起来——慢商业的可能性

的某项研究表明，栖息于儿童肠内的微生物数量，在最近十年间已经减少了一半。

这一连串惊人事实的发现，使藤村受到了震撼。他感到，自己一向坚信的科学式思考方式，从根本上动摇起来了。包括自己的孩子在内，过敏症正侵蚀着如此众多的孩子。可对于这个事实，作为科学家的自己竟然什么也不知道。甚至数年以来，逐步引起化学物质泛滥。——这一引发过敏症的原因，并不是别的，正是自己所相信的科学，还有包含自己在内的科学家们。那么，作为科学家的自己，又究竟是为了什么而存在的呢？

在巴西的国际会议上，藤村登台向听众讲解了自己的研究。听讲者中，有机农业的相关人士占了大半。藤村讲到自己一直以来进行的过敏症研究，又提及了近年来关注的新课题——环境荷尔蒙问题。在讲解中，藤村引用了西奥·科尔伯恩（Theo Colborn）等三人共著的《我们被偷走的未来》（*Our Stolen Future*）等书中的内容，向大家介绍了一部分已经明朗化的实际状况。然后，他这样补充道："现在，每周都有3000种新的化学物质被发明、生产出来，纪录在美国的数据银行（Data Bank）中。不过，如果要对其中某种化学物质进行筛查，以证明其是否对人体有害，是否能起到环境荷尔蒙作用的话，则需要花掉一两年时间。这样一来，要将数量如此庞大的化学物质——求证，显然是不可能的。那么，我们应当如何是好呢？"藤村介绍了两种不同的解决办法。其中一种，是日本人经常采取的方式："某种东西的害处必须先经过科学证明、受到法律禁止，然后人们才极不情愿地选择放弃。"而另外一种，则是瑞典式的做法："人们当然不会去做那些已经得到证实的坏事情。不仅如此，只要无法证明它是好的，人们就不会去做。"藤村对听众说，只有按照瑞典的方法做事，人类才有未来。"希望各位千万不要模仿日本人。"

用"日本式"方法做事的，不仅是日本。可以说，现代世界科技的主流，一直以来都在从各个方面反对、抵抗着"瑞典式科学"。对主流来说，科技进步就意味着维持甚至加速"每周新增3000种"的迅猛发展速度。因此，为了配合"花掉一两年时间去验证每一项发明"的缓慢步调而减速，就意味着巨大的后退。

科学家藤村，在1984年重生了。此后，他将自己的科研原则定为与社会趋势相反的"瑞典式科学"，即"只要不能证明某件事是好的，就绝对不做"。这意味着，他将为了确认每一项发明成果的安全性，而消耗掉大量的研发时间；同时这也意味着，他选择了缓慢、安稳地推进他的慢科学（slow science）、慢技术（slow technology）。藤村本人，将这次转折称为"改过自新"。

藤村认为,现代文明,以及在它支配下的科学、技术、经济及商业等各个领域中,欠缺了三项重要的东西:第一,身处这种文明之中的人们,欠缺了"循环"的思想;第二,人们缺失了理解他人痛苦的感性;第三,人们缺乏对"人类并不完美"这一事实的认识。因此,慢科学、慢技术、慢商业,就是为了把这些欠缺的部分,一点一点填补上而存在的——仔细地、耐心地,把它们找回来。

3
慢商业的可能性

My business is slow。在英语中,当人们说起自己的业务进展缓慢,那往往意味着生意不佳、工作不顺利,或者不景气。本来,"商业"(business)这个词,就与"忙碌"(busyness)有很大关联。在商业经营中,如何更高效地推进业务,在有限的时间中做成更多的买卖,或者如何更快地完成定量的销售任务,才是人们主要关心的事情。因此,我们完全可以这样认为:商业,就是一场以时间为对手的竞争,其本质决定它必须不断加速。这样一来,为商业服务的科学、技术,也不得不把"加速!"作为接头暗号,投身于炽热的战斗中。在这场竞争中,藤村提出的"三个欠缺",便成了理所应当的事实——如今在商业活动中,真心实意地以循环思想指导公司运营的人,或仍保持着能理解他人痛苦的感性的人,几乎已经不存在了。"既然要做买卖,就必须按做买卖的办法来",再有良心的商业人士,也不能在这方面手软。

不过,对这个商业"常识"抱有疑问的企业,正在世界各地涌现出来。如今志同道合者的圈子,已开始稳步扩大。在欧洲,由瑞典医生卡尔-亨里克·罗伯特(Karl-Henrik Robert)等人提倡的"自然脚步(the Natural Step)"环境教育项目,对许多企业产生了重大影响。在美国,支持生态主义的企业家保罗·霍肯(Paul Hawken)等人,构想出了美国版的"自然脚步"。他们创想出一系列环保型商业模式,并取得了成功。霍肯出版了一本名为《商业生态学:可持续发展宣言》(*The Ecology of Commerce*)的名著,它深深打动了世界最大地毯式地砖公司 Interface 的董事长雷·安德森(Ray Anderson)。于是,安德森便举全公司之力,转向生态主义式的商业模式。此后,该企业在数年内即收效显著——如今它在成功提高营业额的同时,亦成为享誉世界的环保型商业模式典范。

第四章 把"好事情"和"喜欢做的事情"联系起来——慢商业的可能性

　　日本也有类似的动向。住宅建筑公司"木之城 Taisetsu[①]（木の城たいせつ）"因《全世界最想住的房子》一书的介绍而闻名于世。这家公司的创始人、修建庙宇出身的木匠山口昭，在公司经营的过程中始终贯彻着自己的"生命地域主义精神"（bioregionalism）（该主义认为，人类应该作为生态系统的一员，重新回归扎根于本地区的居住方式。详细内容请参照本书第九章）。他以实际行动证明了商业与环境共存共荣的可能性。

　　以上种种事例，为我们做出了证明：缓慢的、生态主义式的商业模式，并不只意味着"经营不善"。而在藤村靖之的"发明创业学堂"中，像这样的新型企业，也正在一家接一家地诞生着。

4
公平贸易与"非电子化"运动

　　藤村的企业 Kankyo，在与各大知名企业的激烈竞争中卖

---

① たいせつ=Taisetsu：宝贵、重要之意。该公司名称"木の城たいせつ"也可翻译为"宝贵的木之城"。

出了250万台空气净化器。据统计，使用该装置，能够成功抑制住75%的哮喘症患儿发病。在回顾该项发明的时候，藤村做出了"不算太糟"的评价——对于这个净化器，他似乎还有些不满。抑制患儿们哮喘症状的发作，是该装置的开发目标，但这只不过是对症疗法罢了。归根结底，该发明尚未触及引发环境问题的根本原因。而环境问题的原点，在于能源的过量消耗和化学物质的过量使用。藤村感到，只有回归问题的原点，并试着从那里出发去改变现状，才是一个发明家应当面对的真正冒险。为此，藤村便开始投身于一个名为"非电子化时代"的壮大课题。

"非电子化"是藤村创造的一个新词，其中包含着"放弃对电力与化学物质的过度依赖，开始新生活"之意。在这个主题之下，藤村发明了无须用电的吸尘器、洗衣机、除湿机、冰箱、空调，还有只要摇一摇就能永久使用的电池等物，并且造出了试制品。其中，不使用一次性过滤装置的净水机、手工烘焙咖啡豆的器具等等，已经进入了商品生产阶段。

这些"非电子化"机器在投入生产时遇到的最大问题，就是对使用者来说，它们要比现在用的电子产品多出一点"小麻烦"或"不便"来。就拿现在已经做出试制品的"非电子化除湿机"来说吧。当吸收水分到达一定限度之后，人们就必须

第四章 把"好事情"和"喜欢做的事情"联系起来——慢商业的可能性

把它拿到太阳底下,像平日晒被子那样晒一晒它。虽然有点麻烦,不过只要这样做,就能让它的除湿能力回到原有状态,半永久地使用下去。可是,日本或美国等地的消费者,已经完全习惯了只要按一按遥控器就万事OK的"方便"生活。对他们来说,这些有点"不便"的"非电子化"产品,究竟能不能得到接纳呢?这就是藤村所面临的问题。

对此,藤村给出的回答是"NO"。他认为"非电子化"产品不可能在日本得到普及。当时,藤村的"非电子化"机器,就是专为所谓的"发展中国家"而发明的。如今的发展中国家,正追着"发达国家"亦步亦趋。如果让这种状况持续下去,当电子产品在"发展中国家"大众的家庭里得到普及的时候,整个地球的环境就会迅速恶化。不过从另一面来说,试图像现在这样压抑住贫困国家的人改善生活的要求,让他们继续过苦日子也是不可行的——这就是藤村的思考。

不过,这里还有另一位"商业人士"。他劝说藤村,不只"发展中国家",在日本也应该推广一下"非电子化运动"。这个人就是藤村的朋友中村隆市。据说,当时中村对藤村这样说道:哎呀,藤村先生!这世界上的能源,几乎都是被"发达国家"消耗掉的;因此"发达国家"才更需要"非电子化"产品呀。哪怕添点麻烦也好,想减低电力消耗量的人在日本也有很多。因此，普及非电子化产品是完全有可能的，云云。

中村曾供职于北九州的生活合作社（"生活协同组合"，福利社），并在当地参与了无农药农业的普及工作。在那之后，他于1987年独立创办了"有机农产品产地直销中心"。此后，股份公司（株式会社）"窗口农场"成立，其核心业务是中南美有机咖啡的进口与销售。与之前的剥削式贸易不同，中村遵循着"公平贸易"（Fair Trade）原则；其目标是与第三世界国家建立一种公平的、可持续的贸易关系。如今，"公平贸易"已在日本受到了广泛关注。而中村的事业，则可以称得上是它的先驱。

此外，中村的公司还很注重社会运动、环保运动与商业的融合；这在当时是很稀有的例子。中村自发组织了以切尔诺贝利核事故受害者为对象的支援活动，并使它向日本全国发展开来。此外，他还在九州的可再生能源推进运动中大显身手。中村亦热衷于中南美咖啡种植者、生产者与日本消费者之间的交流活动；他也定期亲赴中南美，参与当地的社会活动和环境运动。用中村的话说，"公平贸易"的目标是这样的：它不仅追求着"发展中国家"与"发达国家"、生产者与消费者之间关系的公平性，同时也追求着人类与其他生物、现代人与后世子孙之间关系的公平性。

第四章 把"好事情"和"喜欢做的事情"联系起来——慢商业的可能性

在 2001 年 4 月，正值切尔诺贝利核泄漏事故十五周年纪念的时候，中村在东京组织了一场名为"走向摆脱核电的文化"的集会。来自白俄罗斯的核事故受害者团体，受邀成为该活动的嘉宾。在那次活动中，作为对藤村演讲的铺垫，中村向听众这样说道：

"我一直参加着支援切尔诺贝利、摆脱核电、推广自然能源等运动。在此过程中，我真切地体会到，认真思考着节能重要性的人正变得越来越多了。因此在日本，我也非常想把藤村先生的'非电子化运动'推广下去。"

中村给出了这样的提案：通常人们认为，包括"非电子化"产品在内的工业产品，是只有大企业才能制造的。的确，无论从资金方面来看，还是从制造或销售的角度来看，用现有方式推广"非电子化"产品都非常困难。因此，试着搞搞"有机工业"如何？就像生产者和消费者互相协作而成的"有机农业"那样。中村在他的文章《懒人流派：摆脱核电运动与非电子化运动》中对此做出了如下说明：

"在超过 25 年以前，认识到农药问题的一小撮生产者与消费者们携起了手。他们共同摸索着，开始了有机农产品产地直销运动。现在，持续至今的这场运动，正将日本农业的整体引导上无农药栽培、减农药栽培的方向。同样的办法，难道不能推广到能源问题上面去吗？换言之，我们可以展开一场让生产者（发明者）与消费者携起手来的运动；召集起一批赞同者，然后齐心协力地把'非电子化'产品制造下去。"

"非电子化"运动的最大问题，就是产品的制造资金。不过中村考虑到，利用共同生产、共同订购的方式，是有可能颠覆"只有大企业才有能力生产工业产品"这个传统常识的。以藤村发明的"非电子化"产品为例，根据估算，当有1000人有意订购除湿器、3000人有意订购洗衣机或者10000人有意订购空调的时候，这些产品就可以以很便宜的价格实现商品化。

中村介绍了一个例子。有位英国人，在1995年发明了"发条收音机"。人们只要用20秒的时间拧紧发条，就可以连续听上40分钟广播节目。据说，这个发明家曾经听说，"在贫穷的第三世界国家，连收音机的电池也买不到——因此即使想要普及预防艾滋病的知识也很困难"。于是为了解决这个问题，他便想出了发条收音机的主意。中村说，就像这个例子一样，"对'非电子化'产品抱有期望的人越多，投身于其研究与开发的人也就越多。因此，我期待着'非电子化运动'的未来。但愿它能在世界各地，以各种形式扩展下去"。

第五章

花时间——"动作"与"停留"

他节省下来的那些时间，其实一点都没有留在他的手里。像魔法一般，它们消失得无影无踪，什么也没有留下。他的每一天，变得越来越短了。最初这变化还小得令人难以察觉；不过随着时间的推移，每一天短得越来越明显。转眼之间，一周又一周，一个月又一个月，一年又一年，下一年，再一年——时光飞逝而去。

米歇尔·恩德，《毛毛》

1
地球时间、生物时间与产业时间的相互冲突

做某件事情,需要花时间。为了决定要做什么事情,还得花时间。在我们的社会中,"花时间"(take time),已然成为一种妨碍。它令人烦恼,是个麻烦。人们大都认为,消耗时间是个有待解决的问题,或应当克服的困难。当我们说"花时间"这个词组的时候,"时间"就意味着一种需求或稀缺性。这令我想起画家乔治亚·欧姬芙(Georgia Totto O'Keeffe)曾说过的一句美丽而悲情的话语。

"谁也不会盯着花朵看。因为花朵很小,而且看它得花掉不少时间。对,就像交朋友需要花时间那样。"

说起来,人们是从什么时候开始将"花时间"当作"问题"来看待的?文明评论家、环保活动家沃尔夫冈·萨克斯(Wolfgang Sachs)指出,这个名为"近现代"时代的显著特征,就是人们会"将时间与空间,视为需要克服的障碍"。

"人们认为,不在自己身边的一切东西都离得太远了。如果有两个地点,那么其间存在的距离就意味着麻烦。对人们来说,随着时间推移而发生的事情,全都已经太迟。做什么事情都得花费时间,这可真是莫大的浪费和损失。"

生活在这时代中的人们，不断受到逼迫。必须一刻不停地与时间、空间上的制约斗争才行。快！跨越障碍！缩短距离！减少浪费！——就像萨克斯指出的那样，"加速！"才是这个时代的命令。我们是为了什么而加速的？节省时间，用英语说的话就是 time saving，即把那些节省下来的部分，为了做某些更有意义的事情而"保存"起来。不过，您想过没有？那些我们借助高科技，好不容易才节省下来的时间，究竟都消失到哪里去了？

人们的工作时间比过去短。在往昔人们描绘的"未来图景"中，现在的我们理应有多得用不完的闲暇才对。可现实中的我们，却为了省下更多时间而把好不容易省下的部分用作了投资。之后，省下的更多时间，再一次被消耗在了同样的投资上……

现代社会促使数量与速度过分地膨胀，它当然算不上一个"与自然和谐"的社会。萨克斯指出，所谓的"环境危机"，可以解释为发生在两组不同时间轴之间的冲突：其中一组意味着现代式时间，而另一组则是掌控着生命与地球的时间。下面，让我们跟随萨克斯的向导，去看看具体情况吧。[下文主要翻译、引用自萨克斯的《超速者》(*The Speed Merchant*)。]

例如，成为 20 世纪显著特征的不可再生资源的消耗与枯

第五章 花时间——"动作"与"停留"

竭问题。据测算，如今我们的产业系统，正将数百万年来积累而成的化石燃料在一年之间燃烧干净。这简直可以用"倾家荡产"来形容了。从地球的时间表来看，倾家荡产的时代不过一瞬间而已；但如果参照现代社会的时间表来看的话，化石燃料形成所消耗的时间则漫长得无法想象。因此我们的所作所为，简直无异于让那长期积累而来的珍贵化石燃料，像烟花一般消失在夜空中。

又例如，全球气候变暖的问题。它意味着地球本来具备的碳元素循环周期，被化石燃料燃烧释放的大量二氧化碳扰乱了。换言之，二氧化碳的释放速度太快了，它远远超过了地球舒缓的、慢节奏的同化吸收效率。

现代产业的时间轴，亦与生物的时间轴发生着激烈的正面冲突。萨克斯举出了这样的例子：如果全球气候变暖问题进一步加剧的话，多见于加拿大与美国国境地带的某种树木将会灭绝。该树种在最近一个冰河期后，经历了数千年漫长的时间，才随着气温变化缓慢地移动到这里。可是，它们已经跟不上气候变暖的速度了。研究发现，为了适应气温变化，森林在一年间最多可以移动 500 米。可为了适应现在这种 30 年间气温上升 1—2 摄氏度的变暖步调，森林则必须在一年中移动上 5 千米才行。适应，这一缓慢的过程需要时间。可现代产业的时间表，却并未给生物们预留出这段重要的时间来。如此这般，在这场被产业时间逼迫的不公平竞争当中，生物们节节败退，被"淘汰"出局。这"淘汰"的速度太快了，人们甚至来不及列出濒危物种的名单。现在栖息于地球上的物种，将会在21世纪末到来之前灭绝掉2/3——人们甚至做出了这样的预测。

即使在第一产业中，产业时间与生物时间的冲突也很激烈。概括来说的话，是这样的：我们这些现代人，等不及让动植物慢悠悠地交配，成长，成熟，变成一具尸体，回归土壤成为肥料。对我们来说，自然的节律实在太慢了，慢得令人难以忍受。"我们又不是一身懒肉的野蛮人，怎可能停下来等你？"人们这样想着，将产业的节奏强加到了生物身上；又集合科学技术的精粹，将其应用于农业、畜牧业、水产养殖（全世界消费的水产制品中，有1/4来自养殖业）和林业上，以便能更快、更多地生产出各种产品。比如品种改良、单一栽培、化学肥料、农药、抗生素、激素类药物、转基因、克隆技术等等。

将产业式的时间规划生搬硬套地插入自然进程——这将带来多么巨大的牺牲？关于这个问题，经历了20世纪的我们，应该已经得到多得令人厌倦的教训了：被迫成为肉蛋奶制造机器的那些"不幸的"哺乳动物、鱼、鸡，接踵而至的新型传染病，环境污染，土壤劣化，地表土的流失，生物多样性的减少……自然，正在产业时间皮鞭的驱赶下疲于奔命。它被剥夺了按照自身内在时间节律生存和发展的自由。这个被囚禁、被俘虏的自然发生了混乱，它正变得越来越不安定，愈发恶化下去。

2
科学技术为我们省下的时间，都消失到哪里去了

在本章中提及的产业时间与地球时间、生物时间相对立的问题，通常被当作经济与环境的关系问题加以讨论。见田宗介在《现代社会的理论》中指出，现代社会这个系统具有几重"界限"。我们提到的时间轴对立问题，是他举出的第一个界限，即社会"与自然的临界面"问题。而见田指出的另一个界限，则是"与外部社会的临界面"。它指的是一般被我们称作"南北"问题的领域。

"北"即"发达国家"的高速率生活，成立在"南"即"发展中国家"的牺牲之上。让我们列举几组数据来看看吧。占世界人口总数 20% 的富裕人口，正消耗着全球约 80% 的自

然资源，享受着 86% 的 GDP（与此相对，占比 20% 的贫困人口，仅能共享 14% 的 GDP），排放着 75% 的二氧化碳，占着 74% 的电话线路。特别值得一提的是，人口只占世界 5% 的美利坚合众国，却拥有占全世界机动车总数 32% 的车辆。它排放的二氧化碳占到全球总排量的 22%，并将全世界玉米总产量的 1/4 拿去用作家畜的饲料。截至 1940 年止，全人类所消耗的矿产资源总和，与美国人在 1940 年以后的 60 年间消耗的一样多。一个美国人消耗的能量，相当于 168 个孟加拉国人消耗能量的总和。根据测算，如果地球人全体都向北美人的生活方式看齐的话，则至少需要 4 个地球才能维持下去[①]。

标榜着"更快，更多"的现代社会，制造出了如此怪诞的差距。那些嘴里说着什么正义、公平、平等、民主主义的人，是不是有必要认真考虑一下"减速"（slow down）的问题，以回归那种追求"更慢、更少"的、接近本源的生活方式呢？

不过，即便如此，"更快更高效"的现代社会，不是让我们变得更富裕了吗？因为更富裕，而让我们变得更幸福了，不

---

① WWF 网站显示，2008 年这一数值升至了 5—8，即至少需要相当于 5 个地球的资源才能维持这种生活方式。http://wwf.panda.org/about_our_earth/all_publications/living_planet_report/demands_on_our_planet/footprint_income/。

第五章 花时间——"动作"与"停留"

是吗？把大自然和第三世界国家的人们当作牺牲品，确实有点不合适。可是，生活在产业时间里的我们，事实上的确变得更富裕、更幸福了，对吧？——也许有人会提出这些问题。而且，要回答它们并不是件容易事。（关于这一点，您可以参考《现代社会的理论》。）

但是，至少我们可以对先前提出的问题做一番重新思考。比如我们可以研究一下，那些高新技术机械为我们省下的时间，究竟都消失到什么地方去了？

机动车、高速铁路、飞机、手机、计算机、按一下遥控器就能操控的空调、自动浴缸，还有让人们足不出户就能享受时光的一系列娱乐设备[①]；让我们即使坐着不动，也能接收来自全世界的信息，并且帮我们避开了许多中间商或中介服务的互联网系统。在这些高科技产品成套地面世之后，今天的我们，竟然一如既往地忙到不可开交，甚至疲劳过度——这是为什么？不，不仅如此。我们甚至感觉到，自己比以前更紧张、压力更大，更吃不消！那么，这究竟是怎么一回事呢？

这些技术产品，本应让我们变得更轻松才对。（至少卖东西的人是这样告诉我们的，而我们也一直这样相信着。）换言

---

① 如电视、电玩、音响设备等等。

之，这些产品会帮我们省掉不少劳苦的时间，让我们把时间"腾出来"才对。可是在我们身边，却找不到这些"腾出来"的时间。到底是哪里不对劲呢？

20世纪的代表性技术产物机动车，关于它，萨克斯出版了一本名为《机动车之爱》（*Die Liebe Zum Automobil*）的文明批判性著作。他在书中写道：假设A先生购买了一辆汽车。有了它，迄今为止在上班、接送孩子上下学、买东西时遇到的种种不便，就都得到了解决。换言之，A先生之所以买车，是因为他认为自己可以比过去更快、更简单（消耗更短的时间及更少的劳力）地完成这些事项。那么这样一来，他就可以松口气，将汽车为他省下的时间用于享受悠然的闲暇了吗？恐怕事情并非如此。A先生好不容易才有了汽车这个便利的工具，他大概会为了物尽其用，而更加频繁地出门去各种地方吧。他会想，多亏有了汽车，这下终于可以去那些以前去不了的地方了。不方便的地方或者远处都无所谓——因为反正他有车。

"速度，是可以蛊惑人心的。因为它赋予人们力量。"萨克斯说道。驾驶一辆急速行驶的汽车，或在一瞬之间向世界上任何地方发送电邮，在做这些事的时候，人们会为克服了时间、空间的制约而感到陶醉，并因获得了超越时空的力量，而享受到某种快感。萨克斯指出，那正是笛卡尔所说的"人类成为大自然的主人及拥有者"的实际体现。

因此,这个被A先生收入囊中的、名为"速度"的力量,并没有被用于削减交通时间之目的。取而代之,A先生选择利用该力量跑完更长的距离。随着时间的推移,人们在生活中体验到的距离感也发生着变化,曾经觉得很远的地方,已经变得不再遥远了。与此相反,那些曾经随便走走就能去的、从物理上讲离我们非常近的地方,有时候却让我们觉得它"远"得令人难以置信(话虽如此,特地开车去又有些不值得)。

调查显示,50年前的德国人平均每年乘车驶过2000公里的距离;而现在,他们平均每年乘车行驶15000公里。这不仅是机动车的问题。一切新兴技术产物为人们省下的时间,最后都将转换为更长的距离、更大的输出功率、更频繁的聚会与贸易谈判。正因为如此,无论修葺多少道路,也无法解决拥堵的现状。

3
速度病——"停留""共生"的衰退

萨克斯说道:"加速"驱赶着经济增长,而增长又反过来促进加速；如此，"速度病"才能在社会上蔓延开来。这"速度病"正毫不留情地感染着现代人，连我们的个人生活也逐渐被它吞没。实际上，日本的孩子们无时无刻不在大人的催促声中度过："快点！""抓紧时间！""别磨磨蹭的！"最近无论大人还是孩子，所有人都看起来忙得不得了。无事可忙的人，不会给别人留下好印象。对这个社会来说，无事可忙的人就是无关紧要的人、不受欢迎的人、在或不在都无所谓的人——大家抱有这种印象。大概就是这种印象使然吧，人们似乎心怀恐惧，害怕面对无所事事的自己。但话说回来，在我小的时候，不要说"自己很忙了"，就连"忙"这个词本身，似乎都尚未纳入日常用语的词汇表呢。

来，让我们再举一些美利坚合众国的例子吧。有调查发现，20世纪90年代美国劳动者的年平均工作时间，比20世纪70年代多出了142个小时。与此同时，美国家长与孩子们一起玩的时间，平均每周只有40分钟；在18岁到65岁的成年人中，有多达45%的人表示，他们觉得可供自己自由支配的时间比过去少了。美国有着发达的现代科学技术，而且无论航空产业、汽车产业，还是计算机、信息技术产业都走在世界的最前沿。而这组数据所反映的，则正是这个国家的人们在完成了"克服时间、空间上制约"的壮举后，面临的真实状况。

第五章 花时间——"动作"与"停留"

"这样下去可不行",是我们这个时代的接头暗语。嘴里嘟囔着这句话的我们,不停地诅咒着那些纠缠在自己日常生活中的、种种"没用"的事物,进而对自己的"低效率"之处大加指责。在那些占用我们时间的事情中,总有些看起来没有建设性,或不能直接与金钱挂钩。于是我们便统统称其为"杂活儿""琐事",或者"俗务"等等。比如,家务事基本上都归于此类。"如果可以的话,真希望永远不用做这些!"它们真是累赘。参与"琐事",被人们当作一种徒劳;做了它的人,会觉得自己像吃了大亏一般,然后说"这样下去可不行"。不仅是清扫房间或洗衣服,现如今,也许甚至有人把与家人相处也划入"琐事"的范围。

"重要之事"与"琐事"的对立,就是经济学上所说"生产时间"与"再生产时间"的对立。在这种情况下,处于劣势的后者被前者步步紧逼,而我们所看到的,就是再生产时间被逼到角落的惨状。我们向"再生产"的大筐里,一股脑投入了各种活动。游乐、爱好、照顾孩子、学习、护理病人、拉家常、祈祷、成长、衰老、与朋友们交往、恋爱、散步、冥想、休息……花在这些事上的时间,都不能算作"符合经济学"的"生产时间";因此,它们只能被当成"杂务"而已。

可是从根本上来说,所谓的人生,难道不正是由这些"杂务"累积而成的吗？就像萨克斯所讲的那样，一直以来，我们似乎将注意力过多集中于"动"（moving）上了。作为"行动者"的我们，不停考虑着如何才能动得更快。对一个人来说，"机动性"（mobility）才是他成功的证明。我们总是为了比过去更快地到达、更快地离开某处而聚精会神地努力，在其中忘掉了"停留"（staying）的价值。而前述的种种"琐事"，它们每一件却都与"停留"相关。可以说，它们都是只有"停留者"才懂得的技艺。

除此之外，停留者们还懂得"共同生活"。这既是技艺，又是智慧。动得越多越勤快，"共生"就会变得越困难。将"共生"视为人生的根本价值之人，才更需要再一次重新学习如何"停留"吧。至少，人们有必要重新学学如何"动"得更慢、更舒缓。

停下来，需要花费不少时间；"共生"，和别的人或物一起生活下去，则会占用更多的时间。这就像乔治亚·欧姬芙所说的，为了端详一朵小小的花，你必须花费时间一般。对，这就像交朋友需要花时间一样。

这里提到的"花时间"，就是英语中的 take time。不过，虽然同样是 take time，当说到 take your time 的时候，这句话就会变成"别着急，请你按自己的步调慢慢来"之意。本来，人生就是漫长的——它需要花掉不少时间。而且,我们也不得不把时间花费在它身上。仔仔细细地,安安稳稳地,悠然自得地,请您以自己的步调,去花掉这些时间吧。

好吧
将数字 抛却
将钟表 抛却
将明天 抛却

光明啊
请在田野里 种上星星吧

Nanao Sakaki,《来种星星吧》

第六章

疲劳、懒散、游乐、休息的回归

可是，时间却很安静。它喜好和平，热爱安详的休息。时间最喜欢悠然自得地歪在草席上了。

《巴巴拉吉》(*Der Papalagi*)

1
疲劳总在我们身边

有一首名为《So Tired》的曲子，收录在亚特·布雷基（Art Blakey）与爵士信使乐团（The Jazz Messengers）创作的专辑《突尼斯之夜》（A Night in Tunisia）中。虽名为"太累"，不过它听起来却充满活力。

作曲鲍比·提蒙斯（Bobby Timmons）的钢琴，与乐队队长布雷基的鼓声潇洒地交织在一起。在他们的引导下，李·摩根（Lee Morgan）的小号与韦恩·肖特尔（Wayne Shorter）的萨克斯开始吹奏出乐曲的主题。滑稽趣味的主题不断重复，使这曲子整体上显得明快而欢乐；不过从中也能听出一点对拼命工作的自己发出的嘲讽，还有"唉——"一般的叹息声。肖特尔的萨克斯独奏冷不丁地吹响，表达出人们的心里话。拖着疲惫双腿原地打转的人们，似乎还能听见嘟嘟囔囔抱怨自己不平的声音。接着，摩根的小号独奏，展现出只有他才能吹奏出来的，像被什么东西拖拽着一般、多少有点跟不上节奏的、似乎被缠住了的、苦恼的声音，抒情地、时而像呐喊一般的，表现着"疲劳"的另一张面孔。后来，从提蒙斯的钢琴独奏开始，旋律中渐渐可以听出了接纳、死心、安详、沉着、宁静的声音。

疲劳，有各种各样的形态、色彩、感触和声音。也许你觉得它是固体，可它也会变成液体，或蒸发成气体。疲劳总在流动，没有固定的形态。比如说，"人们可以睡得像木头一般深沉，因为整天都像狗一样拼命工作，筋疲力尽了"（It's been a hard day's night. And I've been working like a dog. It's been a hard day's night. I should be sleeping like a log.）[《一夜狂欢》（*A Hard Day's Night*）]；或只是整天整天地呆坐在码头上，眺望着船只的进进出出与太阳的起起落落，"让自己的身子骨好好休息一下"（Sittin' here resting my bones）[《独坐码头》（*Sittin' on the Dock of the Bay*）]；抑或度过一个热得让人浑身发软的午后，盯着草坪看草生长的样子 [《倦怠午后》（*Lazy Afternoon*）]；还有，在炎热的阳光下，不论怎么拼命干活，剩下的时间还是长得令人绝望 [《劳动之歌》（*Work Song*）]。

蓝调音乐中尤其充满了各种各样的疲劳。正因为有了疲劳感，蓝调才显得那么性感、忧伤、美丽，并且充满能量。我们完全可以说，"Blue"正意味着吃力。感到劳乏，倦怠，筋疲力尽，累垮了，浑身瘫软，觉得受够了，厌烦了。

生来就是个忧郁（blue）的人，因此连金色的月光也看不见——《天生忧郁》（*Born to Be Blue*）是这么唱的。这样说来，

第六章　疲劳、懒散、游乐、休息的回归

事实确实如此。从出生到死亡，蓝调一般的忧郁情绪总是常伴我们左右。在我们充满朝气的时候，忧郁就紧贴着朝气；当我们感到幸福的时候，忧郁也紧贴着幸福。忧郁紧跟在爱的后面。和忧郁一样，没有疲惫，我们就无法生存。

我们身处的时代，是一个厌恶疲劳的时代。人们将疲劳视为需要克服的困难：你得把它藏起来，压抑住，消灭掉。对活在这时代的人来说，疲劳是个大敌。人们只要感到疲劳就会遭受批判。疲劳是件令人羞耻的事情。因为它意味着懈怠，因为它意味着一个人并未做出隐藏疲劳、压抑疲劳、克服疲劳的努力，故而成为耻辱。在纽约，在伦敦，在东京，人们一边使出浑身解数压抑着疲倦或睡意，一边维持住紧张状态，使自己可以全心投入工作或娱乐中去。为了时刻保持"情绪高涨"（high），人们或斥责自己，或互相激励，或大嚼口香糖，或小跑着冲进星巴克，或啃咬着巧克力棒，然后吞下"软饮料""健康饮料"，为身体持续供给砂糖、咖啡因或其他药物。在这里，low、slow、mellow——低落，缓慢，圆熟，成为落伍者的三部曲。

浑身笼罩着疲惫感的人，会遭到忌讳和厌恶。为什么？我们可以由此得知一个相反的事实：其实厌恶疲惫的人，自己就正在经受疲惫的折磨。在所有人都累了，可是所有人都在努力

隐藏、压抑、克服疲劳的时候，某个人松懈了——他毫无警惕地、吊儿郎当地，将自己的疲劳暴露于众目睽睽之下。这可绝对不行。如果允许人们这样做，又会如何呢？恐怕那样一来，让这个社会得以作为社会存在的某种必要的东西，就会因此丧失。恣意的疲劳会破坏社会的完整性。虽然并未得到证实，不过人们却在无意中那么想。

有个事实可以从反面证明这一推测：如果有人过分地精力充沛，那么他也会遭到大家的厌烦。在西方语言中，用疑问句打招呼的情况很多，如互相问候 How are you？"今天感觉好吗？"之类。尽管这种问候不过走个形式而已；但既然是疑问句，人们就不得不对它作出回答。虽说必须得回答，不过人们基本会以"我今天感觉不错喔"之类的话来轻轻带过。对人们来说，这已经足够。反正那不过是与在路上擦身而过的熟人打个招呼而已。即使当时正在生病，也不该告诉人家状况不好——否则，擦身而过就会变成路边的闲谈，而这也许会给忙着赶路的对方添麻烦。另外还有重要的一点，即无论病中还是状态良好，人们的"今天感觉不错"几乎都是以相同语调，不带感情地说出来的。也就是说，那意味着"这句话没什么大不了的意思"，就是个一般的"回答"罢了。这"感觉不错"，实际上或许意味着浑身舒泰，或许意味着病痛难忍，不过这都无关紧要。

尽管如此，当我们与亲近之人互相问候之时，只靠一句"今天感觉不错"可就不够用了。当我们问候那些会偶尔站在路边拉家常的朋友时，也许会说"还是和以前一样，到处跑来跑去"，或者"总算还过得去吧"，"哎呀，也不能太挑剔吧，凑合凑合得了"，抑或"还行吧，想想办法还能干得下去"等等。如果遇到了亲密好友，我们也许会说"嗯，这两天可有点不顺啊"，或者"最近觉得有点累"，甚至有些时候，连"糟糕透顶""真他妈想死"这样的话也能说得出口。在这里，能发现一个构造，即人们通常会按当时情况，将"感觉不错"这个一般的"外交辞令"，与"其实谁也不可能每天都好"的心里话分别运用。

因此，永远朝气蓬勃的家伙便会引来大家的质疑——因为谁也不是好莱坞动作大片中的超级英雄。"那家伙看起来好奇怪啊。""装模作样。"人们说的这些话里，大概也包含着某种羡慕嫉妒恨吧。因为看起来有活力的人，终归比看起来半死不活的人好上很多。

我在北美洲经历长年的生活后回到了日本。当初，职场的同事或熟人们曾好几次对我说过："看来你真是什么时候都有精神呀！"——听起来这似乎令他们不太高兴。海外生活让我染上了说"Fine, thank you！"的习惯，而这种"我很好"的气氛，很可能被我散发于身体周边了。那么，难道与北美相比，日本算是个对疲劳宽容的国家吗？完全不是。在日本，疲惫的人很多，甚至比美国还要多；并且日本人的疲劳也更严重——正因为如此，一直以来隐藏疲劳、压抑疲劳、克服疲劳的必要性，才在日本得到了更加严格的强调，终于使它成为一种集团性的歇斯底里。又乖顺又快活又朝气蓬勃的孩子；又乖顺又快活又朝气蓬勃的成年人——与过去一样，表现出这种精神面貌的人，才会"被寄予厚望"。人们认为，"浑身疲惫的人"一点也不可爱；交不到女（男）友；去参加面试的话一定会被刷掉；还会被人叫作"老头子"，被嘲笑；抑或被当作死气沉沉的老年人，被人躲得远远的吧。

2
伯特兰·罗素对过度勤奋的批判

如今，在资本主义文明支配下的国家，工人阶级正陷入一种怪异的疯狂……那种疯狂，是对劳动产生的异乎寻常的热爱；换言之，那是对将所有人及其子孙逼入生命力

第六章　疲劳、懒散、游乐、休息的回归

枯竭之绝地的劳动,产生的令人丧命的热情。

保罗·拉法格,《懒惰的权利》

英国哲学家伯特兰·罗素所著《悠闲颂》(*In Praise of Idleness*)一书,对勤奋思想进行了痛烈的、充满讽刺的批判。那是1932年,正值大萧条后不久,法西斯主义开始抬头的时代。这个时代正夹在两次世界大战之间,冷战亦尚未开始。当时的社会性思考,绝大多数集中于应该选择哪种社会体制或意识形态的讨论上。在这样的时代中,罗素以其卓越的洞察力指出:名为"勤奋思想"的流毒,已经超越了社会主义、资本主义式自由主义、法西斯主义等社会体制及意识形态的区别,正侵害着欧美社会全体;并且他亦对该思想蔓延的危险性提出了警告。罗素的文明批判,直到今天也是新颖的。因为即便在跨越世纪之后,现在的我们仍然挣扎在勤奋这一诅咒的束缚中。

罗素说,社会上存在一种信念,即"工作或劳动本身就是了不起的"。它将为社会带来许多危害。人们认为,无论工作的内容如何,总之"工作"这一行为本身就是重要的。现代社会也是如此:尽管随着就业率的上上下下而时喜时忧,但人们却对就业的内容漠不关心。孩子们知道父母每天都出去上班,可他们却从没有亲眼见过父母是怎样工作的;而且也不想知道

父母的工作内容——孩子们对此并不感到好奇。

从历史上来看,这信念来源于凭暴力夺走产品的统治者们。为了隐瞒剥削式的社会结构,统治者向生产者们灌输着所谓"劳动尊严"的道德观念,罗素如是说。换言之,统治者诱使生产者们相信"拼命劳作是一种美德",因为这将使他们对"辛勤劳动的一部分人,正支撑着其他什么也没做的人的生活"这一事实难以察觉。"依照这一方法,必需的强制手段得以减量,消耗在统一管制方面的费用也缩减了。"(《悠闲颂》)

罗素这样描述了他所处的时代:在科学技术进步的今天,机械拥有了帮人们大幅削减劳动量的能力。因此只要方法得当,无论谁都能在更少参与工作的同时,过上幸福安乐的生活;实现这一理想的可能性正在增大。"可尽管如此,我们却非要走上现在这条路——让某些人疲劳过度,同时又让其他的人为饥饿所苦。"

资本主义社会促使人们生产出大量毫无必要的东西。部分工人被迫过度劳动,这导致了失业者的诞生。人们将机械引入生产,却并未因此减少工人的劳动时间。取而代之,管理者选择了裁员,并逼迫留下的工人们加倍投入生产。那么,当所谓"劳动尊严"的神话变得难以维持,人们又将采取什么行动呢?"发动战争……让一部分人制造出高性能的炸药,然后让

第六章 疲劳、懒散、游乐、休息的回归

其他人引爆它。那时候的我们,看来简直和第一次见到烟花的小孩像极了。"

而另一方面,社会主义本应是这样的:"在不论是谁都能得到充足的生活必需品,或能给生活带来慰藉的基础物品之供应的同时,逐渐减少人们的劳动时间。"可罗素的态度却很悲观:他认为从俄罗斯的现状看来,这几乎是无法实现的。俄罗斯政府的方针是"牺牲现有闲暇,使其成为未来的生产力"。在该方针指导下,新计划被一个接一个地制定出来。其中一个是这样的:通过修建大坝分隔开喀拉海(它是北冰洋的一部分),以使白海、西伯利亚北岸的气候变得温暖起来。只要想象一下该计划将给自然环境带来多么巨大的冲击,人们就会不寒而栗了。不过,罗素只是单纯地指出,这个"将使无产阶级安乐生活的到来,向后推迟一个时代的计划"不过是个结果罢了。而它之所以发生的原因就在于,人们错将"应当竭尽全力地劳作"这一道德观念,当作了工作的目的。

我曾经生活在 70 年后的现代社会。在我看来,罗素对科学技术的进步,及"现代化的、合理的生产方式"寄予了过大期待。在这一点上可以说,罗素信奉着现代主义,并且太过乐观了。另外,他的"工作"与"劳动",主要指的是肉体劳动;而他的"机械"也主要指的是能够减轻肉体劳动的种类。因此,

若将罗素的议论原封不动地适用于我们时代，是很困难的。但即便如此，对现代来说，罗素的"怠惰思想"依然极其新鲜。

20世纪，是"战争的世纪"。在迭起的战争中，贯穿着"生产主义"与"竞争主义"之信仰；而正是这些主义，支撑起"劳动尊严"的神话——对此，我们已在罗素的文章中得到了确认。罗素曾说，人们将劳动视为神圣的义务。但如果能从该思想中得到解放，那么"作为对衰弱的神经、疲劳、消化不良的补偿，人生的幸福与欢喜将会产生"，"也许人们发动战争的想法亦会消失吧"。另外，如果真的能够从这些主义中得到解放，那么人们也就不会过分地重视生产，或过分地轻视消费，其二者将得到平衡。生产阶级只顾着生产，有闲阶级只顾着消费，诸如此类的极端偏差，亦会因此消失了。

当然，罗素所说的"消费"一词，与今天我们在消费社会语境下使用的"消费"一词，其概念相差悬殊。罗素在批判当时社会时，曾指出人们"太不重视消费了"。他认为，过去的人们曾经拥有"或悠然享受快乐，或消遣游玩的能力"。因此当罗素在此使用"消费"一词时，他表现的就是人们自由发挥这种能力的样子。

比如农夫们的舞蹈。尽管现在"只在穷僻的小村才能见到它的影子"，不过罗素却认为，那种享乐应该扎根于人类的本性。与之相比,"都市人的快乐,则大体上已经变得被动了"。但是,如果能得到更多闲暇时间的话,恐怕都市人也能自己找回扮演主动角色的快乐吧。在此,罗素对20世纪后期世界上人类的孤独感作出了预言——催逼着人们的不仅仅是生产,还有消费;人们亦被"消费的美德"束缚住了。

不仅如此,罗素作出了如下批判:"现代人认为,做一切事情都应当有个目的,而正在做的这件事无非手段而已;因此不能仅为了某件事本身而做它。"如此,他已一语道破了在跨越世纪之后的今天越发繁盛起来的功利主义与效率主义之文明的本质。我们的社会普遍认为,如果某件事不能带来其他的好处,那么它就没有意义。照此来说,我们的"现在",就绝不会为了"现在"本身而存在——人们必须将它用于未来的投资才行。照此来说,余暇应是为了明天的劳动力而准备的"再生产"活动;而消费,则是为了促进景气好转及GDP增长的再投资。另外,只要能被人类利用或带来好处,人们就会把"自然"视作"资源"吧。

诸如此类,当一件事不能被归入"目的与手段"的关联之中时,它就会被视为"徒劳"的、"效率低下"的。休息、消遣、游玩,它们本身就是在浪费时间。只有当这些事情为了"劳动力再生产",或"娱乐产业的繁荣"而存在之时,它们才能获得价值。懒惰是粗俗而无耻的。只为散步而散步，只因为想随便躺一躺而躺下，只是看着眼前的景色发呆，这都是些懒人的所作所为。只为活而活，因为活着所以活着——在这个时代，这种想法是不被允许的。

3
多田道太郎的怠惰思想

> 人们应该恢复自然的本性，应该为懒惰的权利作出宣言——这一权利，比起资产阶级革命歪理邪说的辩护士们所炮制的、干巴巴的所谓人权，要神圣高贵上千万倍。人们应当每天只工作三小时，把剩下的时光花在吃喝玩乐，或闲待着混日子之上。
>
> 保罗·拉法格，《懒惰的权利》

多田道太郎，曾在30年前的日本发出过如此的叹息：为什么勤奋思想在世间蔓延得到处都是，却见不到怠惰的意识形态呢？为什么经济学这样流行，却见不到怠惰学呢？那是20世纪70年代初期，在我们所知的最后一个政治色彩浓厚的季

第六章 疲劳、懒散、游乐、休息的回归

节即将过去之时;可多田的"怠惰思想",却看来几乎与政治上的"非此即彼"逻辑毫无关系。不如说,多田的思想更接近"疯癫①"或者"嬉皮"。比如疯猫②(Crazy Cats)的《嗖呜奔拉调子③》《无责任男》《咔噜——!④》,或者渥美清的《寅次郎的故事》。可以想见,多田的思想与时代的气氛相连——在那个时代,大众文化之类尚且存世,人们尚有机会借此讽刺社会,或在文化层面上作出抗争。

多田的灵感,来源于日本中世纪的短篇故事集《御伽草子》中《懒太郎》的故事。太郎每天只在地上竖起一根竹竿,挂上草席,然后悠闲地躺在下面。一天,有人送给他一些年糕。为日后考虑,太郎留下一块没有吃完。在太郎玩弄那块年糕——他一会儿把鼻子上的油蹭在年糕上,一会儿把它顶在额头上——的时候,一不小心把年糕弄掉了。年糕咕噜咕噜地滚

---

① 20世纪六七十年代日本式嬉皮士的俗称。
② 日本的爵士乐手、歌手、搞笑艺人团体。
③ スーダラ節,其中"スーダラ"是作者的自创的拟态词。"スー"来源于日语"すいすい",表示顺畅轻快地前进的样子;"ダラ"来自"だらだら",意为"滴滴答答""拖拖拉拉""磨磨蹭蹭"。
④ "咔噜——!"是作者发明的一个冷笑语——表演者把手伸向前方做抓握动作,同时大喊"咔噜——!"。很多年前曾经在日本流行过(现在已经不流行了)。

到了道路上。太郎觉得走过去捡它实在太麻烦了,就边用竹竿轰开狗或鸟,边等着路人走过来。他一等就等了整整三天。

"换作理性主义者的话,一定认为赶快站起来去捡年糕才符合最小努力的原则吧。可在这个故事中,太郎并没有那么做——从这里可以看出他的骨气。"(《懒太郎的幻想能力》)

太郎终于盼来的过路人,却是地头[①]出行的队伍。面对太郎捡年糕的要求和不畏权威的态度,地头感到非常生气;不过他到底觉得太郎一表人才。因为这层关系,太郎得以进京,并在京都大显身手。他突然变得精力充沛起来,使过去的懒惰仿佛谎言一般。后来,太郎通过死缠烂打的追求,终于成功娶到了公主殿下。加之人们又发现太郎带有天皇家族的血统,于是整个故事便有了皆大欢喜的结局。

这故事前半部分讲的是"懒太郎",而后半部分讲的是"不懒太郎"。对于两者之间的鸿沟,人们可以做出各种各样的解释。(请参考佐竹昭广的《"下克上"[②]的文学》,特别是其中的《怠惰与抵抗》一篇。)据多田说,该故事的后半部分很

---

① 官职,日本镰仓、室町时代庄园的管理者。
② 在日本历史中,"下克上"指位于低位阶的人,通过政治或军事手段,代替高位阶的人的行动。

有可能是太郎的幻想。在故事开头,作者花很大篇幅描写了太郎居住的豪宅;不过紧接着,他幽默地写道:"太郎做梦都想住进那样的房子里——可惜那是不可能实现的。"因此多田认为,和那座豪宅一样,故事后半段的一连串事件也全都是幻想。

"这里似乎隐藏着一个有趣的法则:人类只有在成为懒汉时才会幻想。"多田如是说。

"与此同时,大众们对类似的幻想给予了支持。大家感到,只有像这样的懒汉才能得到神灵嘉奖。换言之,人们觉得只会埋头苦干的人并不能得到好处;反而是说着'总之所有事都太麻烦啦,老子就想歇一歇'的人,才能得到神灵的庇佑。"(《怠惰思想》)

英语的 industry 一词,同时拥有两层意思:产业与勤劳。在西方,可以说产业主义与勤奋思想是难舍难分的。顺带一提,在基督教的传统中,怠惰(sloth)也被当作死有余辜的七宗大罪之一。

但多田亦指出,日本勤奋思想的根源并没有那么深入。它不过是开始于德川时代[①]的一场较新而短暂的思潮而已。当

---

① 江户时代(1603—1867)。

时,掌权者将以二宫尊德为代表的勤劳道德,从上至下地灌输给民众。与之相比,怠惰思想才是从很久以前就在大众之间培养起来的传承。拼命劳作并不是理想,而不工作才是人们的乌托邦。正是这种思想,才能催生并培育出《懒太郎》或《三年寝①太郎》等故事来吧——这就是多田的思考。

在多田的《怠惰思想》中,介绍了这样一则江户小故事。

老年人:"这小子,年纪轻轻怎么老躺着呀?快起来干活吧!"

青年人:"干了活又能怎么样啊?"

老年人:"好好干活,不是能挣到钱吗?"

青年人:"挣到钱又能怎么样啊?"

老年人:"能当上有钱人呀!"

青年人:"当上有钱人又能怎么样啊?"

老年人:"当上有钱人,就能每天躺着过日子了呀!"

青年人:"搞什么啊,我现在已经躺着过日子了嘛……"

就像多田指责的那样,这则江户时代老者与年轻人的对话,可以原封不动地套用在别的地方,如,"北"即发达国家的精英,与"南"即所谓发展中国家的平头百姓之间展开的,

---

① 连睡三年之意。

围绕开发问题的交换和争论上。当然,随着20世纪末的临近,"搞什么啊,我现在已经躺着过日子了嘛",或者"用不着你来管我"这种懒太郎式的、无所畏惧的厚脸皮态度,看起来已被逼近绝地,甚至被赶尽杀绝了。可在同一个世纪末,面对一场名为全球化的产业主义与勤奋主义的更深层次渗透,挺身反抗的人们("西雅图之战"就是其象征之一),开始在世界的各个地方涌现出来——这也是不争的事实。

30年前多田留下的话语,显得更加意味深长了。在西方化与现代化浪潮席卷整个世界的同时,"一种有趣的现象正在发生——与主流相异的文明,开始从所谓的秘境当中涌现出来"。然后,这些异质文明反过来影响、感化发达国家的文明,进而引起各种文化冲击。多田说道:

"我认为,这种由所谓的欠发达地区引发的文化冲击,其思想的根源到底在于玩乐思想,抑或构成其基础的休息思想。那是一种……试图确实地守护住自由,即能够自己处理事物之自主性的思想……因此认同该思想的人,在想要光脚走路的时候就会光着脚走起来。"(《怠惰思想》)

有一本很棒的书,名叫《巴巴拉吉》(*Der Papalagi*)。20世纪初,萨摩亚某个小岛的酋长椎阿比,首次到访了欧洲。其后,椎阿比酋长回到小岛,向同胞们讲述了关于欧洲以及巴巴拉吉（欧洲人）的事情。而这本书，就是将讲话记录收集整理而成的。

"为了填饱肚子，为了拥有头上的屋顶，为了能在村子的广场上快乐地参加庙会，上帝对我们说'快干活！'。不过在满足了这些之后，为什么人们还是非得工作不可呢？针对这个问题，巴巴拉吉们从未做出过真正的回答；他们也从未让我听到过关于此事的意见。"的确，要对椎阿比的提问做出正面回答实在很难。来自懒太郎的类似提问也好，江户小故事中年轻人的提问也罢，对此，我们这些巴巴拉吉们（所谓的"文明人"）都尚未找到答案。

多田认为，这些提问都是让我们得以从根本上重新质疑社会的问题。不仅如此，那些正考虑着诸如社会变革、革命等问题的人，都有必要再次回到这些提问上来。在多田提出这些主张的时候，他与20世纪30年代初期的伯特兰·罗素是很相似的。不仅如此，20世纪70年代初期的多田，又比罗素向前更进了一步。现代主义式的科学技术信仰，在21世纪仍是一个有待解决的问题。针对它，多田也提出了与懒太郎相同的质问。

人们乘着新干线飞速行驶；在海底，在山中，人们打通了隧道；把河道截流，人们建起了大坝；破坏了农田，人们建设了机场。可这只不过是一个小小的开始而已。那之后的30年间，全世界的工业都不遗余力地投入生产，终于到了让臭氧层开出空洞、让地球气候变暖的地步。借用多田的话来说，这所有的一切，都是诸如"'想要跑得更快'，或'把山当作障碍物'之类，存在于产业社会之中贫乏的构思能力之延长"。面对这种状况，仅仅用些小聪明——比如生产低排量轿车、在海面上建设飞机场、贯彻垃圾回收再利用等等，是解决不了问题的。在此，我们不得不对"构成产业社会的基础构思能力……本身，提出质疑"（《怠惰思想》）。进而，让这件事成为可能的，正是那"喜欢悠然自得地歪在席子上"的，慵懒的思想。

4
晃来晃去[①]主义的推荐

在我们生活的社会中，"晃来晃去"这一表达担负着否定性含义。那么，"晃来晃去"指的是什么？简单来说的话，那是一种"无建设性的""效率低下的"状态。进而，该状态会

---

① ぶらぶら：1.摇晃，摆动，晃荡；2.溜达，信步而行；3.无工作，赋闲，闲待着（小学馆《日中词典》）。

使人们对当事者作出"缺乏社会性"的判断。在该语境下，所谓社会指的是一个存在于幻想中的共同体——人们相信，身处其中之人共同拥有某个目标或目的。大家都参与在奔向那个目标的过程中，可某人却脱离了他们。在人人都在"认真努力"的时候，那个人却在"晃来晃去"。真是岂有此理！不像话！于是，其他人便会这样想。

所谓竞争，就是你追我赶地奔向同一个终点。如果没有竞争，健全的社会就难以形成——不知不觉间，我们将其当成了真理。如果没有竞争，人就会变得懒散。那么大家都会晃来晃去，不干正经事了。人们认为，这样下去社会就无法发展；它会陷入停滞，然后堕落下去。

可这社会，本来就不应该是一群性质相同的人，向着相同的目标，竞争着讨生活的地方。我并不想完全否定竞争，只不过我反对将竞争原理错认为社会重要的基本原理的信条而已。那种将竞争作为基本原理的社会，即便存在也不可能长久。首先，就如罗素或多田所指，本来人生之意义，恰恰就产生在那些从建设性或效率性的观点来看，徒劳的、被浪费的时间当中。

如果论起"浪费"时间的话，谁也不是小孩子的对手。小孩子们度过时间的方式，被称作"玩"。玩乐、游戏，该活动

第六章　疲劳、懒散、游乐、休息的回归

脱离了扎根于日常现实生活中的逻辑性；它亦从目的性的束缚中得到了自由。因此，玩乐才显得耀眼。正因为"徒劳"，所以才充实。仔细想想，我们每一个人，不都是为了玩乐、游戏才降生于这个世界上的吗？

如今的我们，已经不怎么闲逛了。顺便去哪里逛逛，兜圈子，绕远，抄近路，岔道。我们过去的走路方式，我们曾经走过的路，并不都是笔直的；通向目的地的道路，也并不只有一条。甚至有很多路根本没有目的地。本来应有的目的地，忽然间不见了；抑或换成了别的东西——这种事情也经常有。每条道路都与其他的道路不同，即使同样一条路，昨天与今天也不同。雨天的路与晴天的路不同；一起走路的伙伴不同，路也不同；冬天的路与夏天的路不同；开满樱花的路，与开满杜鹃花的路，也不同。

"吃路边草①"，在我试着骑上马背之后，才第一次体会到了这个短语的意思。词典上的解释是这样的："在到达目的地途中，花费掉徒劳的时间"。不过，即使试图向马说明自己的目的，也无异于"对牛弹琴"吧。尽管如此，路边的草——"道草"依然是个好词啊。

---

① 道草を食う。

野草啊　汝亦长　日亦长①（小林一茶）

　　当然，在这首俳句写就的时代，道路边还是长着草的②。

　　如果仅仅为了到达目的地，那么没有比尽可能快地通过最短距离更好的方法了。于是人们选择用开车代替行走，用飞机代替汽车。可是，无论人们如何缩短花费在路上的时间，它们仍然是"被浪费掉"的。明明不想浪费，却不得不浪费的时间，成了一种"必要之恶"。就如在法语中，"杂草"被称为"恶之草"一般，徒劳与浪费意味着"恶"；而被浪费掉的时间，就意味着"恶之时间"。以这种方式思考的，正是将手段与目的做直线连接的近现代式秩序逻辑吧。

　　可仔细想想就会发现，这是多么可怕的事情啊。设想一下，我们坚信自己是为了到达某个地方，或为了某件事物而过活的。如此一来，我们将无时无刻不被自己应该前进的方向，及"仍在路上"的感觉纠缠。我们人生的每时每刻，都因此变成了"恶之时间"。这样下去的话，人们恐怕很难过上有朝气

---

① 　むだ草や　汝も伸びゐ　日ものびゐ。
② 　如今为了保护公路设施，日本的相关部门多定期组织除草活动。

的生活吧。

让我们允许自己暂时离开通向目的地的笔直大道吧——顺便去途中的某个地方，绕绕远，或者"吃点路边的野草"。让我们容许自己奢侈一下，把开车换作漫步吧。信步而行，溜溜达达。

承认游戏的喜悦；承认从"在路上"的感觉中解放出来，活在当下的自由感；承认仅仅待在那里的快乐，并将它们看作最重要的事情。把散步，把漫步（不要误解成每天必须走一万步！），把磨蹭和偷懒，把逍遥，把逛街[①]的生活恢复回来。不要把它们仅仅当作"余兴"或者"余暇"，来将其视为人生的根本意义吧。让它们与工作，与目的，与竞争，与合理性，与效率等等这些人生的"大事"平起平坐，互相对抗，互相补充，甚至互相渗透；把它们当成人类存在的根本姿态。来把它们当作最本质的度过时间的方法吧——如果抛却了它们，自己就好像不能成为自己了；甚至如果抛却了它们，不论与别人还是与大自然，都不能一起友好地共生下去了似的。

---

① 銀ブラ，俗语。在日本东京的银座地区闲逛遛弯之意，亦有说该词为在银座喝巴西咖啡之意。

5
委身于高贵的疲劳

轻视休憩的人,也会轻视疲劳。懂得休憩之快乐的人,就会对疲劳产生敬意。那么,疲劳是什么?一位名叫迈克尔·洛伊尼希(Michael Leunig)的人曾经这样说过:那是我们人类能感知到的事物中,最自然、最强有力、最高贵的感觉。那么,如果长期持续地无视、压抑、否定如此根本的感觉,又会如何呢?恐怕这就像弄错了用法的良药会变成剧毒一样,持续地压抑疲劳,会带给我们难以预料的巨大破坏吧。可是,如今我们所居住的世界,不正是个被在压抑中爆发的疲劳破坏得满目疮痍的世界吗?这样说来,我们的不幸,实在不是什么值得惊讶的事情。所以说嘛,你,快像猫一样把身子团起来休息吧!把全身心,都交给高贵的疲劳吧!

想来,我们现代日本人的大多数,已经很长时间没有感到过高贵的疲劳了,不是吗?我们委身的并不是爽快的疲倦,而是过劳。"神风"①、"猛烈社员"②、上班族、补课班、过劳

---

① "神风":横冲直撞,鲁莽之意。来源于二战时的"神风特攻队"。英语 Kamikaze。
② "猛烈社员":为公司不惜粉身碎骨、拼命工作的职员。

第六章 疲劳、懒散、游乐、休息的回归

死——它们都是构成日本现代史的基础词汇，其读音甚至直接变成了英语单词。这其中，过劳死意味着致死的疲劳。那是一种被持续地否定，最后化为了毒药，带来巨大破坏力的、如同怨灵一般悲惨而可怜的疲劳。

在过劳的另一面，失眠亦正在蔓延。疲劳、休憩与睡眠，似乎失散了彼此，都变成了迷路的孩子。诸如"疗愈""舒缓"之类的词语流行开来。想要舒缓疲劳，恐怕首先得容许疲劳的存在，让它自由地解放出来才行吧。这样一来，疲劳就能重新走回休憩与睡眠的方向，再次与它们合为一体吧。

百忙，或者忙得不可开交的"忙"字，其字形意味着心灵之死亡。而"坐"这个汉字，就是两个人待在土地上。"休"这个汉字的形状，表现出人靠着树木的样子。那是在大树的阴凉下度过的一段安静时间。通过那棵大树，人与大地，还有天空联系在一起——我想，所谓的休息，就是这般与宇宙相连的行为吧。

像动植物那般感受疲劳，像动植物那般休息，像动植物那般睡眠。在回归这种根源上的快乐之后，试着对自己的欲望或欲求做一次重新盘点。然后，继续一个接一个地，把那些想要留存起来的东西，慢慢积累下去吧。

第七章

各种各样的时间

不经意间　发现
这世上还有　漫布杂草的卷心菜田的时间
……
绿色　慢悠悠地凝结的时间

山尾三省,《卷心菜田的时间》

1
生活时间和物理时间是不同的

我们并不擅长思考关于时间的事情。时间不是让人思考的东西，它只是一种存在。话虽如此，时间亦不能像一件物品那样存在——它总是处于流动之中。可是，它的流动又不像河川那样。嗯……到了这里，人类多半会放弃思考。说起时间的话，就会想起钟表。如果被问到时间是什么，恐怕谁也说不清楚；不过除了幼童，所有人都知道时间可以用钟表来计量。能在脑海中浮现起发条结构的古旧钟表，或咔嚓咔嚓摆动的钟摆之人，已经很少了；不过当我们看到时时刻刻不停前进的秒针，就会把它当作时间。人们会想，被秒针"刻画"出来的东西，就是时间。

人们姑且作出了约定：无论哪段时间都是相同的。我们睡着的时间也好，出门上班前匆匆忙忙的时间也罢，或者淅淅沥沥下着雨的午后时间，总之，时间就是时间。钟表一点也不会变换表情；秒针亦毫不留情，以同样节律为时间划出刻度。不论在另一个城市、另一个国家，还是大海的另一面，一秒钟就是一秒钟，一分钟就是一分钟。可是，这种"恒定"的时间，与我们的感觉却并非完全吻合。闲得无聊的星期日午后的一分钟，与忙碌的星期一早晨的一分钟，完全相同，这可真令人想不通。我们总感到时间是不同的。在南国海岸边享受海风的时间，与拥堵在东京上班高峰期人群中的时间，横在两者之间的，是宽广得令人眩晕的鸿沟。与之相似的，还有江户时代的时间与现代的时间，小孩子的时间与老年人的时间，男人的时间与女人的时间……

在米歇尔·恩德的《毛毛》中，有这样一段话：

> 在某段时间中发生的事情不同，人们的时间感觉也不同。短短一小时，既有可能让人觉得比永远还长，反之，也有可能让人觉得像一瞬间那般短……为什么？因为，时间正是生活。

据科学史家赤木昭夫的著作，人类首次"刻画"时间（换言之，从那时起时间变成了能被度量的东西），是在欧洲中世纪即将结束之时。最早刻画时间的人，是修道院的僧侣们。他们划分出祈祷的时间、用餐的时间和劳动的时间，并为了确定这些时间而开始使用钟表。被"刻画"出来的时间，最初只存在于教会内部；进而，它化身为高塔上的钟楼，化身为配合表针敲响的钟声，扩展到外面的整个城镇。这样一来，城镇的

第七章 各种各样的时间

居民们也配合着时间,一起开始、一起结束当天的劳作。换言之,祈祷的时间表,在此被翻译成了劳动的时间表。

以时间刻度来计算劳动量。当这成为可能,人们在交换物品时就会说"为生产这件东西,我花费了多少工夫(劳动时间)"。如此这般,时间逐渐成为衡量商品价值的基准。时间就是钟声,并且,时间就是金钱①。

如果时间的流逝并非恒定,那么世上就不可能出现钟表。所谓的时间就是瞬间与瞬间的间隔,点与点的间隔;换言之,它是"期间"。作为期间存在的时间,必须是无论在哪里,都能以同样基准测量的均质物体。牛顿将其作为物理法则记述了下来:"时间与空间,无论在宇宙的何处、何时,都相同并且均质。"这成为牛顿所开创之近代物理学的前提。

想想看,这可是件不得了的大事,它成为历史的一大转折。这个均质的"时间",与我们平日所感受、体验的"时间",明明相去甚远。自己"生活过的时间",看起来简直与物理学上的时间归属于不同的次元。尽管如此,我们经历的一切时间,却不得不遵从那钟表刻画出的机械节律——这真令人难以置信。

---

① 日语中,钟、钟声与金钱同音。

以"自然农法"广为人知的福冈正信,在回忆起他的故乡爱媛县的过去时,说过这样的话:

"说起钟表,就会想起村长先生胸前挂的怀表——那时只有他一个人这样;不过我第一次见到的钟表,却是小学校的大挂钟。一天,公共马车在村子中吹响喇叭跑起来。从那时起,村民们知道了这个名叫时间的单位。"(《寄身于稻秆之家》)

在此之前,"腹时计①"就已经够用了。尽管如此,人们还是通过学校教育知道了被间隔成一小时一小时的时间,逐渐习惯了时刻表或课程表。

"从那时开始,学习时间、工作时间与游乐时间有了区别;时间与空间、心灵与物质,被人们当成不同的东西分别对待;时空开始分离,紧接着人、工作与自然,也逐渐变得七零八落了。"

2
由地区、文化差异导致的时间差异

我们生活在"时间就是金钱"的时代。从很久以前开始,

---

① "腹时计",以腹中食物消化的状态猜想时间的能力。

第七章　各种各样的时间

人们便将时间定义为一种在世界各地都完全等同的事物。可在此之后，金钱也紧追着时间，变得越来越均质化了。这就是时间的全球化与货币的全球化。不过在另一方面，近年来区域货币也开始受到世界各地人们的关注了。关于区域货币的各种实验，早已开始。人们设计出只在区域内部流通的、各自独立的货币体系，使小规模经济圈得以形成。如果仅为了买卖四邻农家培育的黄瓜，或街坊烘焙屋烤出的面包，应该不需要依赖世界货币吧。换言之，金钱，完全可以是多元的。

时间也与区域货币相似。各个地区中的时间本该是不同的、多样的。每个地区都有其独特的生活周期，时间曾在这里被定期举行的集市、庙会、仪式等染上了独特的浓淡色彩。而每个人，则都曾生活在这样的时间里。从中，人们能找到只有区域生态环境的成员才会共同分享的季节感觉、潮汐涨落的节律，还有那由花鸟风月交织而成的时间流动吧。

居住在孟加拉湾安达曼群岛森林中的人们，拥有一种"香味年历"。据说，人们根据花草树木的香味来判断时日。北美原住民纳瓦霍族神话中讲到，这世上最初的人类在沙地上画出了图，并以此作为年历。神话中还讲到，人们先将季节粗略地分出冬夏，然后把每个月用独特的事件区别出来，并取上名字。比如，与我们现在所用太阳历之十一月相当的月份，在纳瓦霍族神话中被称作"又瘦又长的风之月",而一月是"冻结之雪的表面之月",四月则是"柔软而纤细的叶之月"。并且,每个月份都有体现其特征的"心",人们甚至约定出了预示吉兆的"柔软羽翼"。举例来说,"冻结之雪的表面之月"的"心"是冰,而"柔软羽翼"则是拂晓的启明星;"大叶子之月"的"心"是风,而"柔软羽翼"则是雨。

在介绍了如此多元的地域时间之后,杰伊·格里菲斯(Jay Griffiths)说道:和它们相比,我们西方人的时间又如何呢?我们只会以这样的方式表示时间:时刻的话,比如11时42分35秒这样;年月日,则会写作30/03/2000之类。存在于此的,仅有数字的罗列。那本该围绕在"时间"身旁的感觉或感性,被毫无保留地排除了,剩下的,只有无穷无尽数字的行进。在那其中,既没有"心",也没有"柔软羽翼"。

阿伊努民族[①]的刺绣家齐卡普美惠子[チカップ(cikap)美惠子],每年都寄给我由她亲自创作的年历。年历上的照片,是将其精心缝制的阿伊努族纹样刺绣,摆放在北海道大自然的风景中拍摄的。这年历最有趣的地方在于,上面附有表示各个月份的阿伊努文字及其解说。其中,一月叫作 ku ekay

---

① 居住在日本北部及俄罗斯库页岛的原住民族。

cup，该词组中包含的意思为"（寒气极其强烈,）连拉开的弓也会折断、破碎之月"。与之相同，二月是"在这个月份里，连（几乎不会冻结的）激流也会冻结"。八月是"（为了漫长的越冬准备,）连女人和孩子也忙得不可开交之月"。时间，蕴含着如此多彩的意义。然后，如此丰富的时间穿插于语言当中，从一个人向另一个人，从一代向下一代，渐渐传承下去。

　　黑脚（blackfoot）民族居住于美国与加拿大的国境地带。这是我探访他们之时遇到的趣事：在我驻地中的礼品店里，陈列着各种各样"印第安小商品"。其中，有个与众不同的玩意儿吸引了我的注意。那是一个怪模怪样的钟表——长针和短针看起来的确走得好好的，可数字却这边一个那边一个，胡乱地分散在表盘上。3被扔在左侧，12却被放在下面。无论字体还是字的大小，都弄得七零八落。这个钟表，名叫"印第安时间"（indian time）。

　　"印第安时间"，原住民生活的时间，总比北美社会的标准时要慢一些——于是他们便自己想出了这个词汇，半自嘲地表现出这一点。海达民族（Haida）[①]拥有海达时间，霍皮民族

---

① 加拿大原住民族。

（Hopi）①拥有霍皮时间，阿伊努民族则拥有阿伊努时间，而这些时间都很缓慢。当你去拜访原住民族的话就会发现，他们比相约的时间迟到一小时左右才是正常的。不过，这可不是原住民所特有的，只要去所谓的"发展中国家"旅行，谁都会有类似的经验。墨西哥有墨西哥时间，厄瓜多尔有厄瓜多尔时间——这就是所谓的拉丁美洲时间。即使同在墨西哥境内，人们也会发现，外地的区域时间总是比首都还要慢的。

长久以来，白人社会是这样称呼印第安人的：lazy and dumb Indians，又懒惰又愚蠢的印第安人，并对其加以蔑视。而中南美的人们，则被欧洲人或北美人称作"迟钝又呆笨的人"，他们那无论什么事情都会拖到明天去做的"吊儿郎当"性格，一直备受嘲笑。这两者实在非常相似。说起来，过去人们对美国黑人奴隶们持有的偏见，也是"忠厚老实、迟钝又愚蠢"这样的内容。如此看来，从"印第安时间"这个词组中，我仿佛能感到一直以来的被蔑视者，反过来向着蔑视者们回敬的倔强冷笑。从表面上来看，他们似乎把那强加于己的、具有侮辱性的、千篇一律的嘲讽——"迟缓""迟钝"，接受了下来。与此同时，他们将计就计，借此讽刺了那机械而又毫无应

---

① 美国原住民族，印第安民族的一个部落。

变能力的主流社会的时间感觉。我是这么想的。

　　说起来，还有这么一回事：我在南美洲参加着环境保护活动，最近在那里，互联网正以惊人的速度普及开来。可尽管如此，我与当地熟人或朋友们的电子邮件交换，大多数时候却仍需等上两三周时间。最初，我被这种等待弄得很焦躁，不过有一天忽然想明白了：从互联网这项新技术刚刚引进日本的时候开始，我们这些日本人就加快了生活节奏，拼命使其与互联网的速率合拍；可南美洲的他们，却只将主要依靠邮寄信件取得沟通的、过去的生活节奏，稍稍加快了一点而已。而且，他们似乎一边发扬着"留到明天去做吧"的精神，一边慢悠悠地、花很多时间来让自己渐渐适应那项新技术。

3
动物的时间，神话式的时间，体内时间

　　以同样方式驱赶着宇宙中万物的，均质的时间——与这牛顿力学式的时间观念不同，动物生理学教给我们另一种对待时间的见解。大象有大象的时间，狗有狗的时间，老鼠有老鼠的时间——就像这样，动物的体型大小不同，与之对应的生理时

间也不同。换言之,在这同一个世界上,并列着许多条不同的时间轴。

来倾听一下本川达雄的说明吧。(下文出自《大象的时间,老鼠的时间》)比较一下动物的心率就会发现,人类的心脏跳动一次[①]大约花掉 1 秒钟,可小家鼠(House mouse,学名 Mus musculus)心跳一次只需 0.1 秒,而大象则会花掉 3 秒。动物的体型越大,心脏的跳动就越慢。研究发现,哺乳动物心跳一次所花费的时间,与体重的四分之一乘方成正比例(比如,当体重增长 10 倍,心跳时间就会增长约 2 倍)。

不仅是心跳的时间。肠道蠕动的时间或血液在体内循环的时间等等,也与体重的四分之一乘方基本成正比例。并且,不仅如此。从动物生长至成年所花费的时间,到胎儿在母亲子宫内停留的时间,甚至寿命这段"时间",几乎都能发现同样的比例关系。照此来说,如果试着让它进一步一般化,我们似乎可以说"动物的时间,与它体重的四分之一乘方成正比例"。

那么,动物的体型大小,与其能量消耗的关系又是怎样的呢?研究发现,能量消耗与体重的四分之一乘方成反比例。虽然两者都与体重的四分之一乘方相关,可时间与其成正比,能

---

① 术语为"心动周期"。

第七章　各种各样的时间

源消耗量却与其成反比。因此，如果将两者相乘，则应该会得到与体重无关的、在每段固定时间内消耗的能量值。经过实际的计算发现，哺乳动物，在心脏每跳动一次的时间中消耗的能量，为平均每公斤体重 0.738 焦耳（与体重大小无关），在一生中消耗的能量总值为 15 亿焦耳——这是个恒定的数值。换言之，就是：

"据体型大小不同，动物的寿命有很大差别。但如果将动物在一生中所消耗的能量平均分配到每一公斤体重上去，就会发现它与寿命无关，是恒定的。"

这个世界上有各种各样的时间，也有许多条时间轴。

每个人一生之中的时间流动，到底各不相同。有时它会停滞，有时却像激流一般加速起来。对幼儿、年轻人或老者来说，时间的流逝绝不可能是完全一致的。鹤见俊辅对"神话般的时间"做过这样一段描写：

"当自己的死亡来临时，人们就会返回神话一般的时间中。当人们遭遇自己亲密之人的死时，也会发生这种情形。当我们向一个零岁的新生儿搭话，或一个零岁的新生儿面向自己搭话的时候，我们就可以生活在神话一般的时间里。"（《神话般的时间》）

按理说来，男人的时间与女人的时间是不可能一致的。即便我们不去理会两者生理上的时间差，但男人与女人之间由文化造成的时间差依然是存在的。常与幼童、病人或老年人打交道的女性，能够获得更多生活在神话般时间中的机会。鹤见认为，男性，则通常被那些机会"疏远"着。

无法获得这种机会，对男性来说意味着多么重大的欠缺？在意识到该问题的答案之前，男性的文化……无法成长。它尚未成熟……

有个词语叫"生物钟"。作家布施英利认为，与大脑的时间不同，内脏也拥有其各自的时间表。举例来说，子宫的生物钟每29天走完一个周期。而肠也有独自的时间表：如果人们对提醒肚子饿了的信号置之不理的话，过一会儿空腹感就会消失不见了。布施英利说，这也许是因为肠通过自身的生物钟，作出了"已经吃过饭"的判断吧。

在身体当中，存在着各种各样的生物钟。这些"钟表"，原本也许是从生命尚在海边过活的时期残留下来的——它正是五大（地、水、火、风、空）音响节律所留下的遗迹。面对现代人为制定的时间，它们以抗衡的状

第七章　各种各样的时间

态留存于我们体内，并以与人工时间不同的方式动作着。（《自然的时间　人工的时间》）

那么，曾经生活在海边的时期，指的是什么时候？我们有必要作出一点说明。布施英利在此介绍了自己的导师三木成夫（解剖学、生命形态学家）的身体观念。该身体观念认为，人类的身体，是由植物型要素与动物型要素两部分所组成的。其中，前者主要负责获取营养成分，消化然后排出的机能；而后者，则以肌肉、手脚等为活动而存在的器官，及为控制动作而存在的大脑中心。如此一来，这里就有了一个古老的问题——心灵在哪里？根据三木的学说，心灵不仅存在于脑里，也存在于内脏中。

布施英利这样写道：如果追溯35亿年来生命进化的历史，就会发现在最初的30亿年当中，生物几乎都是以单纯的中空软管状结构存活在海边的。而海边，则是一个充满了潮涨潮落、昼夜、四季等宇宙节律的"距离宇宙最近"的地方。

"如果曾在那里，在长达30亿年的时间中以软管般的状态生活过的话，则适应该环境的构造……就会理所应当地埋藏于生命中。我想，该构造很可能留存在以肠为中心的内脏里。"

然而我们近现代的历史，却是忽视植物型要素，从以大脑为中心的动物型要素中发展出社会的过程。因此，作为内包之自然的内脏,以及它们固有的节律或时间,才会被人们失却。

4
能量消耗的增大让时间加速

好,让我们再次回到本川达雄的生物学上来吧。(下文主要来源于《当我们看待时间的方法改变之时》)对动物来说,消耗的能量越多,时间就进行得越快。比如老鼠需要消耗很多能量,因此它的时间进行得很快;而大象的时间就进行得相对缓慢。那么,人类的情形又怎样呢?依照本川的说法,我们现代人正消费着越来越巨大的能量,也因此加快着时间的速度。当然,动物生理上的时间与能量消耗,与人类社会生活中的它们不同,因此我们不能把二者的相关性生搬硬套过来。尽管如此,大多数人仍然切身地体会到,社会生活中的时间正持续加速着。而该现象与社会性能量消耗的增大,是以何种方式发生关联的?为了搞明白这个问题,本川考虑了一套"足以付诸实践的思考方法"。

汽车、飞机、计算机、互联网、手机,这每一件东西,都为了让人们能更迅速地处理事务而被发明出来。这些机器或系

第七章　各种各样的时间

统，显然使现代人的生活节奏加速了。而不言自明的是，为了制造这些机器、系统并让它们运行，大量的能源不可或缺。换言之，我们利用能源加速了时间。本川这样写道：

"消耗能源，加速时间，然后获得金钱。"换言之，将能源转换为时间，进而将时间转换为金钱——进行这种作业的，正是商业。商业，business（busy-ness），本来意味着"忙碌"。而"忙碌"这个词语，则表示的是时间加速后（赶时间）的状态。在此，我们可以看到商业这项事物的本质。"能源→时间→金钱"，一直以来，商业被人们当作炼金术；可当能源消耗量的增大，已经到了引发资源枯竭及全球气候变暖等环境问题的地步时，商业自身的极限就显露无遗了。不过，现在让我们先把这件事放在一旁，来多听一听本川的看法吧：

> 维持我们这种动物，即人类生存的必要能量，就是作为食物摄取的能量而已。然而，现代日本人所消耗的能量，却有其40倍之多。如果我们的社会生活时间，也像生理时间那样，会与能源消耗量成正比例加速的话，那么就可以推算出，我们正以比过去快40倍之多的速率生活着。
>
> 然而，人类身体中的时间并没有改变。心脏，正以和过去相同的节律搏动着……人类的身体，究竟能不能正常

地跟上变得如此快速的生活节奏呢？

现代社会，在"人体时间"与"社会时间"间产生了巨大的落差。而本川认为，该落差正体现着现代社会危机的本质。

我们并不擅长作出关于时间的思考，在本章开头，我已经叙述过了。时间有各种各样的存在方式，可我们却被均质且普遍的近现代式时间观念扼住了咽喉，并因此失去了理解其他时间的能力。正因为如此，我们才变得无法思考时间，不是吗？的确，时间是宝贵的——如果没有时间，人们会非常窘困。可人们并不会仔仔细细地思考时间。这种情形，正好与水或空气相似。对人类生存来说，水和空气应该都必不可少，可人们并不会仔仔细细考虑关于它们的事情。不过，就像本川指出的那样，时间还是重要的环境因素之一。

> 当我们考虑环境问题之时，到底不能对时间问题置之不理。因为在围绕着我们的环境当中，为数众多的动物们，正一边保持着各自的时间，一边和睦地生活在一起。

我们这节奏变得越来越快的社会生活，正越发严重地污染着水和空气，在臭氧层上开出空洞，让全球气候加速变暖，对生态系统也造成着破坏。可是，不仅如此。外在自然环境的恶化，已经不言自明；可是连内在的——那试图依照往昔缓慢的时间表生活的——身体性的自己，也在被不断加速的社会时间所折磨。眼看着，它就要被压垮、窒息了。Slow is beautiful，慢即美好，这可不是与自己无关的事情啊。

在漂浮于的的喀喀（Titicaca）湖①面之上的阿曼塔尼（Amantani）岛，我邂逅了令人难忘的美味。那是某一天的晚餐——当时，在这个既没有自来水也没有通电的拥有美丽星空的小岛上，我投宿在了某间民居里……太阳快要落山的时候，男主人，一位船夫，就扛着土豆回来了。沾着泥土的小小 papas②。"我正等着你呢"，女主人像在说这话一般，给灶台点着了火，开始了晚饭的准备。这时，四周暗了下来，孩子们聚集到灶台的火焰周围。他们用克丘亚（Quechua，或 Quichua）语③开始了家庭谈话。他们大概在讲学校里发生的事情，或关于船的事情吧，一个接

---

① 的的喀喀湖，南美洲最大的淡水湖，位于秘鲁和玻利维亚交界的安第斯山脉。
② papas，在西班牙语中意为土豆。
③ 克丘亚语，南美洲原住民的一种语言。

一个地分享着自己在这一天中所度过的时间。(试着想想就会发现,身处这个信息充溢至此的时代,我居然几乎全然不知自己的家人们度过了怎样的时间!)父母和孩子的对话、夫妻之间的对话……我猜不到他们在聊什么;而且,我的肚子实在饿瘪了。如果是在餐厅的话,这会儿工夫菜肴早就被端上来,而且我已经差不多该吃完了。尽管这温馨的家族团聚令人感动,不过我也渐渐变得烦躁起来。"我的私人时间",在这片古代文明曾经繁荣过的宽广湖面上,实在显得非常渺小、无力、没有根据……终于,晚餐做好了——那是慢慢熬煮而成的,土豆、胡萝卜和杂粮的浓汤它被盛放在像被压扁了一般的素烧①器皿中。那是一碗连全家人的时间都溶化其中的、味道非常温馨的浓汤……在那里的一个月中,我一次也没有想家,根本没有想早点回日本;不过就在那个时候,家里人的脸庞浮现在了我的脑海里。餐桌,是由许许多多的故事组成的。

藤冈亚美,《阿曼塔尼岛的慢食》

---

① 素烧,未上釉的陶器。

第八章

为什么我们不努力不行?

吓得脸色发白吧！退缩吧！

逃走吧！躲起来吧！

与其死掉，被人当作神仙

不如活下来，被当作笨蛋好呢。

即使花言巧语扑面而来

也别把这条命丢掉[①]。

加川良，《教训 1》

[①] 反战歌词的一节。日本从明治时代起向国民灌输"为天皇而死"这一信念，直至二战结束。

1
竞争的时代与奥林匹克运动会

我有个朋友总是这样说:"为什么残疾人非得加油不可?"患有脑瘫的他,给自己取了个名字叫"宇宙尘"。自己是宇宙中的一点尘埃、一个小垃圾,换言之,自己可是个像样的大人哟——这名字中包含着他特有的诗意。

他说自己很讨厌奥运会。"更快,更高,更远[①]。"人们挥动着国旗,搞出一场加油声的大合唱。平时,总有健全人对宇宙尘说"加油!",这令他觉得讨厌。对他而言,奥运会这每两年一度的"加油"季,越发令人感到不快。

奥运会是一场国与国的对抗——这就显得不太对劲。宇宙尘说,它简直和军国主义太相像了。对那些毫不在意他人看法,试图把《君之代》与"日之丸"[②]固执地贯彻到底的所谓"爱国者"来说,国与国之间的竞技体育确实是可贵的。因为在比赛中无须强制,人们就会自发地挥舞起太阳旗,唱起

---

① 按日文原书翻译。奥林匹克格言为"更快,更高,更强"。
② 日本国歌、国旗。因曾是军国主义的象征而在日本国内外备受争议,持续至今。

《君之代》来了。

而且,奥运会、世博会、首脑会谈、世界杯等需要"倾全国之力而为之"的盛大活动,应该是偶尔才轮上一回的;可将这许多大活动全部加在一起的话,就变得很频繁了。在大阪,申奥引发了大混乱;在爱知,人们也为了准备世博会而忙到不可开交;就连我所居住街区的车站,现在也挂上了电光布告牌,上面显示着"距世界杯开赛还有多少天""争取让世界杯在本地举办成功!"这样的话。

三番五次地搞这些,人们也差不多该厌倦了,不是吗?对那些患有"大型公共事业"依赖症的"瘾君子"而言,追求樟脑①兴奋剂式的经济效应也许轻而易举。可是,事实似乎不仅如此。对我来说,在自己居住的街区里见到诸如"还有多少天"的告示,是非常不快的事情。它就好像是米歇尔·恩德的童话《毛毛》中,那个被灰先生们带到城镇上的钟表一般:自从它被带来之后,人们的心灵就彻底改变了。这钟表制造了一种幻象,它试图让我们相信"所有人都向着同一个终点直线前进着"。普通的钟表,为我们刻画出了线型、均质,并且具有共通性的时间,这也可以称得上是一种幻象;不过在"还

---

① 对大脑皮层等中枢神经系统起兴奋作用。

有多少天"的表示当中,它又被附加了"共同的终点"这个戏剧性要素。它好像在向我们提条件:如果你想成为群体的一员,就必须为了奔向共同终点而过活。换言之,它似乎告诉我们,如果从中掉队的话,孤立的惩罚就会等着你。——如此这般,"还有多少天"束缚着我们。倒计时钟表,给了我这样的感觉。

我想起了1964年的奥运会。那对当时尚且年少的我来说,是一次难忘而强烈的体验。也许有人会觉得这是夸大其词吧,不过我一直认为,它与比我年长的几代人所经历的战争体验十分相似。

赶在开幕那天前,家里新买了彩色电视机。在正要看开幕式转播的时候,邻居们纷纷来到了我家里。因激动而变得有些尖利的播音员的嗓音;在亚洲的、日本的、东京的天空下,第一次飘扬而起的奥运会会旗;出生于战争结束那年的广岛,茁壮成长于战后时期,那拥有苗条而修长双腿的最后一棒圣火火炬手;从战争的象征,变身为和平象征的日本天皇所讲出的开幕宣言;错落飞舞的和平鸽。

可以说,这的确是一幕制作精良的话剧。邻居们纷纷流着眼泪;而我的心情也变得异常兴奋起来。现在想想,恐怕当时就是这样一回事吧:我们所有人都感到,大家是团结在一起的。

大家生活在同一场戏剧里，大家合而为一。废墟的市街重生为繁华的大都市；贫穷转化为富裕；具有破坏性的战争，变换为和平的竞赛。这是一场关于"奇迹"的话剧。日本那奇迹般的战后复兴，奇迹般的经济成长。很久以后我才知道，醉心于这场戏剧的，不只是日本人。那试图笼罩全世界每个角落的、"增长"与"开发"之意识形态，在东京奥林匹克运动会上发掘出了恰到好处的寓言。明天、来年、下一代，直到未来，都会比现在更加美好——东京奥运会让人们成功地相信了那一点。因此，你也好，我也好，大家一起来努力吧！

2
《五体不满足》——健全者希望看到的残疾人形象

宇宙尘经常听到别人对他说"加油"！就连出门扔个垃圾，邻居也会对他说"加把劲"！宇宙尘觉得这实在太奇怪、太可笑了，他一边剧烈地摇晃身体，一边笑着说道："你看，他们是看到一个垃圾去扔垃圾，所以才这么说的，对吧？"某天，一个人在与宇宙尘告别的时候，下意识地对他说了声"加油吧"！听了这话，宇宙尘到底还是嗦嗦地笑着（说起来他真是

第八章　为什么我们不努力不行？

经常笑）回敬道："我·才·不·加·油·呢。"

宇宙尘说，自从《五体不满足》(《五体不满足》)成了畅销书，作者乙武洋匡开始在各大传媒上活跃起来之后，自己的生活就变得不那么自在了——看起来他似乎有点不悦。"你出门的时候，也像乙武先生那样穿得大气一点多好"，或"你也试试像乙武君那样打条领带如何？"等等，人们开始对宇宙尘说起了这种话。据他说，以前并不是这样的。总体来讲，宇宙尘感到，人们对残障者喊出的"加油"声，似乎比以前更大了。这令他有些担心。

"我不是对乙武本人感到生气，我的愤怒是向着把乙武捧成那种形象的媒体去的。"宇宙尘如是说。那么，《五体不满足》的大红大紫，又意味着什么呢？宇宙尘说，首先"光鲜的外表"、没有言语障碍等条件，都是"乙武热潮"的铺垫。而且，乙武并没有入读专为残疾人设立的"养护学校（特殊学校）"，而是接受了普通教育；他的机遇也不错，能够遇到成全他的父母和教师。宇宙尘说，这些都算是让乙武变得与其他大部分残疾人不同的明显差异。

让我们在这里稍微复习一下《五体不满足》的内容吧。主人公少年乙武，是个非常努力又好强的人。尽管他是个既没有手也没有脚的残疾人，却抱着"决不把残疾当借口"的信念，一个接一个地挑战着难关——比如体育竞技、文艺活动日（文化祭）、学生会干部竞选、恋爱、入学考试等等。那是发生在游泳大会中的事情：少年趴在特制的"超级浮力板（又称划水板）"上，在观众的加油声中出色地游完了25米。

"老师也许想说'用那样的身体也能做到这地步，真是难为你了'，可他强压下想把我抱起来的心情，大声地斥责了我。

"'1分57秒？比平时慢太多了！'

"可是，那句话背后饱含着老师发自内心的祝福。

"'祝贺你。你用努力赢得了真正的好朋友——不会对你另眼相待的好朋友。'"

接下来是初中二年级，参加学生会干部竞选时发生的事情。

"我的斗志燃烧起来了……从入学起到现在，我连续三届当选了文艺活动日的执行委员，因此很自负。我才不能败给那些（听说）为了取得好成绩才参加选举的家伙们呢……结果，我那激烈的竞选演说成功奏效（！？），大获全胜……不过话说回来，这间中学也真是够胆大的。他们不仅让一个坐在轮椅上的残疾人加入了篮球俱乐部，而且这次又任其爬到了学生会干部的位置上。"

大学时代的乙武在去美国西海岸的旅行中发现，美国的残障人士很爱打扮自己。这给他留下了强烈的印象。在日本，讲究穿着、喜欢打扮自己的残疾人，实在太少了。乙武担心地想到，许多残疾人平常不注重外表，只穿着运动衫度日，这在一般人看来简直太"可怜"了。于是他又想到，如果一个残疾人能打扮得"优雅帅气"，那么别人大概就不会觉得他"可怜"了吧。

"如果当事人觉得不打扮也挺好，那不就够了吗？的确，有些人会提出这样的意见。可是，为了让世人对残疾人的印象有所改观，并为了让残疾人自己的生活变得更加精彩，我仍然想对大家说'来享受时尚，把自己打扮得更帅气、更漂亮吧！'"

如此这般，作者乙武一次又一次地超越"心灵的障碍"，渐渐成长起来。然后，他终于到达了这样的境地，即把自身的残疾仅仅当作一种"身体上的特征"。在《五体不满足》一书的结尾处，乙武作出了这般断言："仅仅因为身体上的某个特征而自寻烦恼，是没有必要的。"进而，他在最后引用了海伦·凯勒的名言："残障是一种不便，但绝非不幸。"

《五体不满足》超越了所有人的预想和期待，收获了许多读者。宇宙尘说，这意味着该书的主人公，与健全人希望看到的"残疾人形象"完美地吻合了。我作为一个健全人读者，试着对此作出了想象：读者，即健全人，也许通过阅读该书获得了某种莫大的安慰吧。用现在的流行语来说的话，就是健全人,被这本书"疗愈"了。

3
"加油"这个词汇让人联想起战争

我们无论对健全人,还是对残疾人,就连对自己本身,也经常说"加油!""努力吧"这些话。而且,我们说得非常频繁。("加油"一词很难翻译成西方语言。从这点看来,该词也许与亚洲或日本所具有的某些文化上、社会上的特性相关。不过,我们在此暂且不讨论这些问题。)即便是同一句"加油",当我们面对残疾人的时候,就会说得更频繁、更热情、更用力、更高声——对我们这些所谓的健全人来说,这场景也很容易想象。那么,为什么会这样呢?

一般来说,"加油"这句话是以竞争为前提的。我们似乎可以说,"加油吧"与"别认输"几乎同义。在不知不觉间,我们将人生当作了一种竞争,不是吗?那么,竞争又是什么呢?竞争,意味着人们在奔向某个特定目的地的途中,互相角逐出胜败或优劣的过程。不论目的地是什么,总之我们都奔跑在这场名为人生的竞赛中。在此,"加油!"便成了同台竞技

第八章　为什么我们不努力不行？

之人互相道出的问候、鼓励，抑或制造的某种牵制。

宇宙尘说，"加油"一词让人联想起战争。的确如此，当社会正在经历一场战争（或奥运会？）之时，人们就会切身感受到，大家都是为了"同一个目标"而生存的——也许我们再也找不到比战争更能激发起这种体验的事件了。宇宙尘担忧地说道，当这"国家总动员"的时候到来，残疾人便会首当其冲，被当作"碍手碍脚的累赘"而肃清吧。在近代史上，纳粹就是这么做的。而且，连在这个号称和平的日本，人们的优生主义倾向也正在时时刻刻变得更强烈。在一篇随笔中，宇宙尘写道："我认为接下来，社会会逐渐进入这种状况：人们将把有用的残疾人与没用的残疾人明确区别开来。"不仅如此，他还说了如下的一些话。对此，难道我们可以简单地当作杞人忧天，而不加理会吗？

"我希望停止器官移植活动。其理由之一，是我有这样的危机感：残疾儿童/残疾人的器官很可能会因此被人盯上……事情也许会变成这样——对那些派不上用场的残疾儿童/残疾人来说，唯一能让他们为他人做出贡献的事，就是提供器官了。"

我就想当个懒汉，宇宙尘说。我就想从吾所好地活下去，穿得破烂一点也无所谓。所以，请不要管我。但是，宇宙尘说，所谓的"懒惰"并不是对自己而言，而是对社会来说的。自己有自己的步调、标准，自己也会按照自己的方式生活。可是，自己不会遵循健全人社会强加于己的进度表；不仅不会遵循，还要对其加以抵抗。这就是做一个懒汉的方式。

社会正在加速。向着同一个箭头所指示的方向，人们争先恐后地前进着。一个较量速度的社会，并不是适合残障人士居住的社会。宇宙尘对我这样说道：

"对我来说，想要在如今的社会中过活挺困难。不过呢，恐怕健全人也活得越来越艰难了，是吧。嗯，不对，或许健全人比我们更困难，也说不定呢。如果一个健全人看到我这种懒汉，就能意识到他自己生活之不易的话，那该多好。"

经常以这种方式发言的宇宙尘，招来了许多健全人士的反感。比如，"多亏有我们拼命工作，那小子才能活到今天"；或者"你多少感谢一下社会福利好不好"。对残疾人产生的这种不满，广泛而深刻地扎根于社会中——对此，宇宙尘当然知道得很清楚。正因为如此，他才故意说道：最低生活保障金[①]才不是感激地领来的，而是抢夺而来的。

我不想使用"权利"一词，因为这个词将掩盖起那些在该

---

① 生活保护。

词发明之前就存在的、理所应当的事物。诸如"无论谁都能活下去"一般，单纯又当然的事情。

在残疾人之中，有不少人对享受福利待遇这件事感到羞耻，因为那会令他们觉得自己生活在健全人的"恩惠"当中。不，"多亏你们留下我这条活命"，他们仿佛欠了健全人的人情。

"为什么残疾人非得带着愧疚生存不可？无论谁都能活下去，连残疾人也能活下去，这是理所应当的事吧？"

可是，这件事变得不那么理所应当了。如此的社会，难道没有异常吗？让残疾人一边说着"非常感谢"或者"真是麻烦你啦"之类的话，一边点头哈腰地生存的社会，难道就是一个适合健全人生活的社会吗？宇宙尘用他的生活方式提出了这样的质疑。

"我就想自自然然地过日子。所以，我·才·不·努·力·呢！"

即便如此，"残疾"仍然是个密不透风、局促憋屈又麻烦的词汇。残疾、残障、障碍。说起来，"健全"也是个蛮奇异的词汇呀。

作家松兼功，患有因脑性麻痹引起的四肢功能障碍。某一天，他试着用鼻尖在电子打字机的键盘上敲出了"障碍[①]"一词的假名拼音，然后按下了"汉字转换"键。那时，假名转换成了许多个单词[②]。看着这些单词，松兼受到了触动，于是便作了一首诗。这是那首诗中最后的一段。

　　生涯中　满溢着残障
　　有时　麻烦得很
　　可那是　一生　带给人
　　喜怒哀乐的
　　残障　的　力量

因此，"ショウガイ"于一瞬间从"障碍"这个词汇的陷阱中解放了出来。它似乎带有了欢快的能量，跳起舞来。

　　另一位作家最首悟，拥有一个患有多重残障的女儿。而他所作出的尝试，则是将"残障"一词改写为"阻碍"。这样一来，曾经密不透风的"残障"里，仿佛吹进了一股微风。无论健全人或残疾人，大家都会遇到阻碍；无论谁都在过着阻碍重

[①]　ショウガイ、障害、障礙，日语中表示残疾之意。
[②]　伤害、涉外、障礙、障害、生涯等单词，在日语中发音相同。

第八章　为什么我们不努力不行？

重的人生。但是，就如最初指出的那般，在应对这些阻碍时，我们的社会正变得越来越不宽容、没耐性，不是吗？人类无法避免的"微不足道的失误"得不到允许；"想随便躺下歇一歇"，却找不到适当的场所；连"悠闲散漫的时间"也挤不出来——我们所面对的社会简直充满束缚，不是吗？然后，人们制造出一种只有"残疾人"才会背负"阻碍"的假象，就好像将灰尘扫到地毯下面，让人们看不见它一样。只有这样，我们才得以成为"健全人"，即"不受阻碍的人"。

某天晚上，我和宇宙尘一边听着音乐，一边交杯换盏，消磨着无所事事的时光。他放了首20世纪70年代的反战歌曲给我听，那是一位名叫加川良的民谣歌手唱出的。"吓得脸色发白吧！退缩吧！逃走吧！躲起来吧……别把这条命丢掉。"我们的心情都很愉快。

那时候，宇宙尘对我说了这么一件事。最近电视上的一档访谈节目中，作为提问者出场的女演员，在患有脑性麻痹的嘉宾面前说了这种话："其实，脑性麻痹患者们的脑子是很正常的，和普通人并没有什么不同……"然后，那位嘉宾赞同了她的说法。宇宙尘对此感到非常遗憾，他很想知道那位嘉宾为什么没有回答说："不是的，我们的脑子才不正常。"宇宙尘说："虽然不过一句话而已，可能从中得到慰藉的人还是存在的——而我就是其中之一。"

可以说，无论是提问者还是嘉宾，大家都特意选择了"不会冒犯到对方"的遣词，换言之，以"漂亮话"来蒙混过关。和平常一样，宇宙尘一边大幅度地晃动着身体，一边笑着对我说道："浑身都是故障的我，才没有那么正常喔！"我觉得，他能这样说出来真的很好。从他这句话中得到慰藉的人，大概也存在于这个世界上吧。而我，就是其中之一。

第九章

重新居住，重新生活

当人类移居宇宙的时代来临，最能顺利适应宇宙生活的，也许是日本人吧。因为，在宇宙中没有树、草、花、鸟、动物、美术，也没有洋溢着文化气息的街道。在宇宙飞船的内部，或月球表面上的殖民基地里，有着铝合金与荧光灯的世界。来自其他国家的人们，会不时忆起自然的森林或故乡那美丽的街道，进而想念起地球来。可是，即使日本人想念起了日本，他们的脑海中也只能浮现出铝合金门窗、荧光灯、高耸至云端的铁塔、混凝土与玻璃构成的街道——这应该与月亮上的生活没什么差别。

亚历克斯·亚瑟·克尔（Alex Arthur Kerr），
《美丽的日本残像》

1
生命地域主义与"重新居住"

在戴夫·加戈尔（Dave Jaguar）的带领下，我穿过一扇向着天空打开的窗户，从阁楼爬上了屋顶。在这栋房子四周的斜坡上，开垦着阶梯状的菜园与花坛，如今正是花朵盛开之时。在那石兰科常绿灌木、橡树，还有花旗松长成的杂木林远处，有一座断崖；一望无际的太平洋，就铺开在断崖的另一边。这里是加利福尼亚州北部的洪堡郡，盘桓于国王山脉（King Range）丘陵的马托（Mattole）河发源地。自20世纪70年代起，洪堡郡在全美以"嬉皮士的聚集地"之名广为人知；现在，这里亦成为环保运动的圣地。

那时，距太阳沉落地平线还有一段时间。我们待在像飘飞于空中的圆盘一般的拱顶住宅之上，在太阳能电池板旁坐下身来，一边沐浴着夕阳的光辉，一边聊着关于森林的话题：亚马孙的热带雨林，加拿大西海岸的温带雨林，还有生长在安第斯山脉斜坡上的云雾林。

戴夫·加戈尔，是一位继承了嬉皮运动优良传统的年轻环保活动家。多年前，我和他相遇在厄瓜多尔。那时的他，正作为NPO组织"古森林国际"（Ancient Forest International）

的成员，参与着南美洲原始森林保全运动。一天，他为了考察美洲红树的原生林，造访了我与"红树造林行动计划"的伙伴们一同展开活动的厄瓜多尔北部海岸地带。我们立刻变成了意气相投的好友，在贫穷的渔村一起吃饭，一起睡觉，度过了许多天。

我们有好几位共同的友人。比如，自20世纪70年代起提倡生命地域主义（bioregionalism），并对世界各地的地域运动产生了莫大影响的彼得·伯格（Peter Berg）就是其中之一。一直以来，彼得在其演讲或研讨会中，总将洪堡郡的生态系统再生运动立为实践其生命地域主义思想之范本；而戴夫，则是该运动的中坚之一。不仅如此，彼得亦是该运动中心人物、思想领袖弗里曼·豪斯（Freeman House）的亲密朋友。

以与戴夫的相遇为契机，我开始时常造访洪堡郡。于是，我得以亲眼见证北美环保运动最前沿的风貌了。

弗里曼·豪斯在20世纪70年代时顺应嬉皮运动的大潮，移居到了洪堡郡的森林中。从那时起，他便一直致力于马托河流域生态系统的再生运动。下面，在触及其环保运动之前，让我们先来介绍一下它的思想基础，即生命地域主义观点吧。

生命地域，指的是什么？彼得·伯格作出了如下解释。

"我们所有人，都居住于某处土地之上。这是理所应当的事情。不过,其中却隐藏着一个神秘且极其重要的事实:我们生活于其中的场所,其实也拥有其自身的生命,它是活的。因此,让我们称其为生命地域吧。"(《彼得·伯格与生命地域主义》)

换言之,所谓地域,不仅是为了维持我们人类生活而存在的场所,它本身亦是一处"活的场所";并且,它还是一个"具备了固有的土壤与地形、水系与气候、动植物等为数甚多自然特征的,独一无二的生命之场"。而人类,不过是居住于该"生命场"中的一员,参与着共同体的构成而已。本来,人类是不可能从此分离,单独存在的。

可产业社会,特别是都市中人类社会的存在状况,却与生命地域主义的观点针锋相对。在这里,"地域"不过是一些性质相等、互换可能的空间而已。人们会根据职业需要,从某地区移居到其他地区去;不过这种移居,却不会给人们生活的性质带来较大改变。通常,我们将该特征称为"机动性",并将其作为高度发达之社会的特征之一,给予很高的评价。无论你住在日本九州地区,还是住在东北地区,都没有实质上的差别;不论你去纽约赴任,还是去巴黎赴任,生活都不会出现太大的改变。

场所可以互换,人也可以互换,其二者相互对应。场所与人互相疏远,形成了一种匿名(anonymous)的关系。我们从一些大企业的惯用手法中,也能看到这种冷冰冰的关系:当他们将某地的森林砍伐殆尽,将动物捕获殆尽,将矿藏发掘殆尽之后,就会向着下一个、再一个地方进发下去。在此,人们只将自然视为一种可替换的资源而已。可以说,现代越发严重的环境危机,其根源就在于此。

与此相对,生命地域主义提出了"重新居住"(reinhabitation)的倡议。换言之,为了再次找回人与地域、人与场所间有机而温情的关系,人们需要重新学习如何"居住"在某个地方。在这个绝无仅有的,拥有独特地形、土壤、水文、阳光、风、湿度,还有由从微生物到动植物,各种各样生命体交织而成的共同体之中,再一次,站在一个生命——拥有流着热血的身体与心灵的生命之立场,寻求我们的群体归属感。重新居住,即在舒缓的时间中慢慢育成智慧(慢知识,slow knowledge)与技术(慢技艺,slow art)的过程。不仅如此,它还包含着另一层意味:唤起那已被我们失却的、遥远过去的文化性记忆。

好,让我们再次回到弗里曼·豪斯的故事上来吧。在1999年,他出版了一本名为《图腾三文鱼》(*Totem Salmon*)的著作。这本书,就是他与地区伙伴们"重新居住"的记录。

弗里曼曾是位捕捞三文鱼的渔夫。三文鱼本该是构成"生命地域"的一员,可它们却不再洄游到河川里了——这引起了

第九章　重新居住，重新生活

弗里曼的关注。于是他决定，先试着追溯该地域的历史看看。当调研了该地区的原住民印第安人之后，他了解到，印第安人曾经花费了漫长岁月，在人类与三文鱼间构筑出了一种平衡的关系。不过，如果居住于该流域的人互相之间无法取得平衡的话，那么人类与三文鱼间的平衡亦无法存在。居于此地的原住民共分三个群体，其语言相差甚远；不过自某一时期开始，这三者间便不再争斗了。取而代之，他们拥有了以三文鱼为中心的共通仪式和礼拜，并为捕捞三文鱼制定了严格的规则。这使得他们实现了在同一生命地域中的可持续共存。

在19世纪后半期，白人掀起的殖民浪潮从美国内陆涌向了西海岸，并开始威胁到印第安原住民的生存；居住在国王山脉周边的几个原住民族亦未能幸免，被逼入了灭亡的绝地。1950年后，该地区的森林采伐迅速加剧；因为当时，被人们称为红木（redwood）①的巨杉、花旗松等针叶树的木材，需求量大幅上涨了。接着，森林采伐引发地表土流失，土砂堆积到了河川里；河川因此变浅，水温上升，或不再适合鱼类生存，或让鱼类失去了产卵地。

弗里曼与"马托河再生会议"的伙伴们通过手工劳作，一

---

①　该红木与制造传统家具的硬木不同。

点点恢复着河川的生态系统。最后,他们终于成功唤回了原生物种的三文鱼。不仅如此,他们还办到了另一件我认为非常重要的事:在经历该过程时,他们亦在其自身内部培养出了往昔原住民们所拥有的、感受三文鱼神圣之处的感性。换言之,唤回三文鱼,不仅意味着食物资源的整备;它还包含着另一重意义,即归属于生命地域之自我的发现。

《图腾三文鱼》中,有这样的一节:"有时候,我们除了由自己来讲述故事(story)之外,再也找不到与大地相连的办法了。"而弗里曼,正是通过讲述"唤回三文鱼"的"故事",才与大地联系到了一起。

围绕"居住"问题产生的诸多危机,是我们时代所特有的。那些本应超越遥远的时空,向每一个地域、每一片土地、每一个共同体、每一个家族传承而来的"故事",已经被人们失却了大半。在这样的时代中,也许我们会遭遇某个缘起,它重新唤醒了我们的意志——试图再次与某个特定地域、场所发生联系,并一起活下去的意志。如此一来,我们就能重新发掘起那已然死去的古老传说,侧耳倾听那深幽而朦胧的言语了吧。接下来,我们也将成为故事的讲述者(story teller),在古旧的线索中掺入新的线条,让它们交织出新的故事篇章。

有个词语叫作"文化再生"。一直以来,人们普遍相信地域中的传统文化，必定会被西方文明或殖民主义的大潮所吞没。它们将发生变貌，最后不得不接受同化与衰退的结局。可是仔细看看就会发现，在世界各地，亦有不少人对该趋势作出抵抗，或与它背道而驰。重新评价传统文化，并促其复兴的动向常常出现，甚至在今天变得越发繁盛起来。在这其中，曾一度面临衰退的某些文化，再次找回活力的例子亦屡见不鲜。对此，人们称其为"文化再生"。不过，这里的再生并不意味着历史的倒退。可以说，这是一个扎根传统的同时，逐渐提炼出新的文化主体性与认同感的过程。环境危机给人类的未来蒙上了阴影，至于能否成功地摆脱它，我想，这与我们的文化再生能力密不可分。换言之，"环境再生"首先意味着"文化的再生"。可以说，现今在全世界不断扩展的生命地域运动，正是一场文化再生运动——它正书写着"居住"，以及"重新居住"这个古老而又新鲜的故事。

2
伊里奇对"居住"的诠释

在一篇题为《居住》(*Dwelling*)（1984）的文章中，伊万·伊里奇说道,"居住"是只有人类才会做的事情。的确,鸟兽拥有自己的巢穴,家畜也有家畜的圈舍,连汽车都有停放的车库。可是,伊里奇说,鸟兽、家畜、汽车等,与它们栖身之处间产生的关系,都与人类栖身于家里的"居住"行为,有着本质上的不同。(《鲜活的思想》)

昆虫或鸟兽的筑巢行为,看起来似乎与人类的居住行为非常相似。不过,这两者的不同之处在于,引发动物筑巢行为的冲动,是受其遗传信息左右,与生俱来的;而只有人类,才会世世代代继承着交织于文化之中的"居住技艺"(art),一边学习前人,一边将自己培养成"技术家"。

说起来,当我们试图思考关于"技术"的事情时,不妨将单词翻译回它的语源看看。"技术"一词,来源于西方语言中两个不同的单词 art 与 technology(抑或 techniques)。话虽如此,不知从什么时候起,当我们说起技术,脑海中便浮现出技术革新、科学技术、前沿技术、信息技术等 technology;而那作为本来的生活技术而存在的 art,却似乎被我们遗忘了。

不仅如此,连 art 的性质也发生了改变。现代日本,"艺术"(art)的意思被限定成,由名为"艺术家"(artist)的专业人士所创之表达行为。过去在欧美,当人们用 art 来表示艺术或美术等特殊技术时,就会像 fine arts 或 beaux arts 等那样,

第九章 重新居住，重新生活

在 art 之前添加形容词以示区分；不过到了最近，不论 artist 也好，art 也罢，它们也变成了人们对专业人士及其作品的特定称呼。

想想看，这是挺奇怪的一件事。人们将技艺（art）圈起了围墙，使它变成了专业人士的领域；同样，技术（technology）也被那些接受过特殊训练的专家们操控在手里。不知不觉间，技艺（art）离开了"普通的人们"，它被带到了遥远的地方。可以说，人们的技艺（art），在双重层面上遭到了剥夺。在技术至上主义（technocracy）支配下的这个技术（technology）万能的时代中，在大众媒体泡制而成的艺术（art）与艺术家喷薄而出的这个时代中，我们自身的生活技艺却逐渐枯萎，奄奄一息。

日本有一本书，名叫《世界上最令人向往的住家》。这令我想到，能出版这书的国度，难道不是一个四处泛滥着"世界上最令人住不下去之住房"的国度吗？世上还有人会像现在的日本人那样，对住宅内外居住空间的美丑毫不介意，并且感觉迟钝吗？当我把这平日以来的想法告诉别人时，住在日本的许多外国人都对此表示了赞同。道格拉斯·法尔（请参见第三章）就是其中之一。身为日本文化的研究者，并多年居住于此的亚历克斯·克尔也写到，现在，"丑恶"的海啸正席卷着整个日本。(《美丽的日本残像》)可是,这些外国人在话语中还加上了令人难忘的一句:不过,在短短的数十年之前,住在全世界最美丽房子中的,也是日本人呢。那么,这期间到底发生了什么事情?"我们丑陋的住家"。我想,恐怕生活技术的急速衰退,也在此明确地得到了体现。

按照伊里奇的观点,"居住"本来是与建筑家无关的活动。为什么呢?因为,每个聚落或共同体,都是独一无二的;并且它们都分别拥有扎根于那片土地的、独特的居住方式。比如,伊里奇指出,英语中的"habit"(习惯)与habitat(栖息地、生存环境),在过去几乎表示着相同的意思。在过往的时代中,每一片土地,每一个聚落,都拥有不同的"本地话"(vernacular);就如本地话一般,当地也有着独特的建筑,它与"爱的技艺""做梦的技艺""苦恼的技艺""走向死亡的技艺"等成为一体,共同构建出那里独特的生活样式。这般扎根于土地的、方言式的生活技艺,与在等质而均匀的三维空间中建造住宅(house)的建筑技术,不可同日而语;前者不可能通过学校教育,或书本知识学习掌握。换言之,为了学习"居住的技艺",除了亲身"住到那里去"之外,简直没有别的办法。

但现实又如何呢?如今,我们丢掉了一切有关于居住环境的技艺,几乎全面依赖着集中于建筑公司等专家集团手中的知识、工具、机械。我们甚至连居住技艺曾存在过都忘记了。不，即使有人尚且记得，我们也会觉得它没有多大用处；人们甚至认为，如果不依靠传统技艺就能生活下来的话，那真是再好不过了。尽管人们连改动一下门把手的位置都做不到，不过只要打个电话或发封电子邮件，就会有专人服务上门。因此，在这个便利的世间，人们大可什么也不会做，或者什么也不做。(当然，这里说到的情形仅限有钱支付账单的人家。)

在同是所谓"发达国家"的北美，如今木工活儿仍是家庭中男性的任务。在那里，这种"自家事情自己动手"（DIY）的精神根深蒂固。大多数家庭，都在车库中备有成套的修车工具与木工用具。想在此生中实现一回自己盖房自己住的梦想之人，如今仍有很多。就连那些做不出漂亮木匠活儿的大多数男男女女，也会多少做些诸如给自己，或亲朋好友的住宅粉刷油漆之类的事。

与之比较的话，现代日本人对待住宅的被动态度，则看起来更加显眼了。住房与住户之间呈现出匿名的关系，无论在一起经历了多少年，依然形同陌路。伊里奇对全世界住客的形象作出了如下描写，恐怕现代的日本人，恰好能与这形象原封不动地重合到一起吧。伊里奇说，住户们"在死板僵硬的世界里过着生活"。连在墙壁上打个小孔也得不到允许，人们期望住户可以"不留丝毫痕迹地度过一生"。住户在房间中留下的任何一点痕迹,都会被视为"损耗"。住客搬出后留在房子里的东西,也会被当作垃圾处理掉。

在伊里奇的观点中,这意味着:作为扎根于土地的(vernacular)居住空间而存在的"住家"(home),已经变成为了收容物或人而设置的"库房"般的等质空间。等质空间,换言之,建造于世界任何地方的仓库,都是为了收容而存在的;故这些仓库作为空间的性质并没有本质区别。其中有些仓库,负责在夜间将劳动力贮藏起来,其附近还配置了用以运输劳动力的交通设施;这种东西布满了全世界每个都市。过去,曾居住在"由自己构筑的空间",即"住家"中的人们,被收容到了劳动力的库房中。这些近现代式的住户们,被剥夺了"居住"的自由。从这一点上来看,住户们简直与那些被收容在医院、孤儿院、监狱或兵营中的人,成为同类。

3
"居住技术"的丧失与环境危机

在日本,近年来一种名为"病态建筑物症候群"(sick house

syndrome）的病症引发了很大问题。过去，"自己家"应该才是最安全、最能放松身心的场所；可如今，它却沦落为一个只要待在里面就会得病的地方。擅长见风使舵的住宅建筑商，急忙推出了使用无甲醛胶粘剂建造的新房，并美其名曰"生态住宅"，开始贩卖。（话说回来，为什么一直以来人们建造的不是"生态住宅"，而是危险的"利己住宅"[①]呢？这应该向谁问责？）

围绕住宅问题产生的危机，有其很深的根源。因此并不能将其简单归结为"建筑技术层面的失误"。即使从"技术"层面看待该问题，也会发现：现代的日本人已然失去了"居住技术（技艺）"或"生活技术"，沦落为一群被动而无能的被收容者。而这才是问题的所在。不仅如此，其实"居住技术"丧失，这一文化层面的问题，也与世界各地逐渐加重的环境问题有着紧密联系。

伊里奇指出，所谓环境，曾意味着公共用地（commons），即让人们得以居住于某地域的基础，公共的空间。过去，分别存在的一个个家庭（home），就是通过从它周围延伸开来的公共用地，而互相联系在一起的。公共用地，是一个可以被称作"共同体（聚落）之住所"的，让人们共同生活的地方；同时

[①] 日式冷笑话。"生态住宅"与"利己住宅"的日文发音、拼法相似。

也构成了经济上的基础。

　　一旦公共用地被视作资源，作为一种商品被纳入经济市场，那么共同体就将失去其赖以存在的基础，进而走向瓦解。家庭各自孤立起来，世世代代培养、传承而来的"居住技术"——保证水与粮食安全供给的技术、让废弃物重归土壤的技术、获取柴火或木炭等能量源的技术、避免各种灾害的技术、传统的医疗技术等等——也会因此迅速被人抛弃吧。

　　人们化身消费者，逐渐成为货币经济体系这个巨大市场的一分子。换言之，人们对该体系产生了依存，如果失去了它的支持，就连一天也活不下去。在这种情况下，连"遮风避雨"之类的需要，也被定义为经济学上的"市场需求"，进而作为一种稀缺资源获得了商品价值。电线、煤气管道、电话线、自来水管、下水道等等，人们架设起种种管线。而一幢住宅，只有在它与这些管线相连之后，才能被称为住宅。这简直就像依靠许多插管（tube）才能维持生命的"植物人"一般。接通医院里的生命维持装置，需要花掉不少钱；与此相仿，近现代的住宅，也会消耗掉庞大的资金。

　　为了占有住宅这一稀少空间，人们需要经历严苛而激烈的竞争。而且当然地，并非谁都有资格参与其中。这是一种特权。因此人们认为，享受该特权的人，都应当对能得到参与竞

第九章 重新居住，重新生活

争的机会而心存感激——哪怕他们会为此背负横跨三代人的巨额债务也好。如今，大多数现代日本人都将自己定义为中产这一"特权阶级"。一直以来，他们都试图从拥有住宅这件事中，找出自己的人生意义与目标来。而正是这升华为人生意义般的感觉，才能够支撑起被称作奇迹的日本高速经济成长。

有个现代用语叫"住房供应"（ハウジング，来源于英语 housing）。它是一种大量提供库房般的住宅，再将人们收容其中、加以管理的政治色彩浓厚的系统工程；并且，这还是一个将土地切片零售，大量生产住房的巨大产业。在那其中的，都是些可以相互替换，作为零件、单元存在的住宅。作为工业制品被生产出来，组装标准件就能建好的预制板房屋，它们本身就象征着被广告媒体煽动而成的所谓"市场需求"。高隔热性、高气密性、消毒、防白蚁、防虫、防火、防霉变，还能抑制细菌生长。房间的配置，也是配合着所有最新式家用电器，比如空调、冰箱、洗衣机、电视、计算机等等。这简直标志着家庭"仓库化"的完成。而且，它也象征着居住的"麦当劳化"，并非快餐，而是"快房"（fast house）的完成。

特异反应性皮炎、哮喘等各种过敏性现代病，与人们的居住环境有很深的关联，科学已经证实了这一点。有害化学建材的大量使用，更进一步催生了化学物质过敏症等新型疾病。一直以来的研究指出，建材、胶粘剂、涂料、地板蜡等物品中含有的多种化学物质，可能诱发癌症。近年来，人们又进一步了解到，被称作环境荷尔蒙（内分泌干扰素）的种种化学物质，能够扰乱人体内荷尔蒙的功能，并对生殖机能产生影响。"用错误方法建造的住宅，也许会毁灭掉人类的未来。"（《世界上最令人向往的住家》）

"现代式住宅也许将毁灭人类。"这句话的意思，并非仅意味着住房会威胁到居住其中之人的生命而已。在《世界上最令人向往的住家》这本书中，赤池学与金谷年展说道，"住宅本身，就象征着不断破坏大自然的现代"。他们一边介绍《地球白皮书》（State of the World）的研究报告，一边作出了如下论述：现今世界上的环境破坏问题，大半都可归咎于现代建筑业之责任。因为该行业消费了比其他经济领域多出数倍的木材、矿物、水以及能源。虽然房屋在建造过程中需要消耗大量能源，不过它建成后则会消耗得更多。据测算，1992年消耗在建成后房屋中的能量，约占到世界总能耗的1/3，其中占化石燃料发电总量的26%，占水力发电总量的45%，原子能发电总量的50%。

现代住宅的设计，使其需要使用大量的水。特别是在这个水资源日趋匮乏，不远的将来也许会为争夺水资源而打响战争的时代，日本的住宅却将饮用水用在从冲洗便器到浇灌庭院植物、清扫洗涤、饮食等一切地方，并肆意挥霍——这在全世界都是罕见的。此外，日本的木材消费量也位居世界前列。该国在一年当中用掉的木材量，超过了一亿立方米，这意味着每个日本人都将分摊到大约一立方米的木材；而这些木材的78%都依靠进口。据统计，在日本每年约有十万户住宅被拆毁，其建材的六成被当作垃圾废弃；并且，这些由住宅产生的废弃建材占到了工业废弃物总量的37%。只要看看这些数字，就会明白日本的住宅产业模式对环境造成了多么严重的破坏。

"我们丑陋的家"。如此一来，我们似乎能理解那丑陋之处所表现的真正含义了：已然"仓库化""麦当劳化"的我们那可悲的住处——"快房"。连想在墙上打个小孔都得不到允许的我们，过得好似囚犯一般。

4
"逸脱"，就是找回快乐

一幢现代的住宅楼，只有当它与各种管线插接（plug）在一起之时，才能成为住宅。被囚禁在这般住宅楼中的我们，现代人，也因此成了plugged，落入了必须依靠插接才能维持生存的境地。说来有趣，在英语中讲到plug的话，有时也表示在电视等媒体上对商品进行狂轰滥炸的炒作。而说起电视机就会想到，现在大多数的家电产品都是用遥控器来操作的，因此有测算表明，日本住宅中的电力，竟有接近十分之一被消耗在了"待机模式①"上。

最近，经常能见到自动售货机兀立在乡下夜晚的黑暗中，徒然放射着亮堂堂的白色光芒。当家中迎来了突然的访客，主妇们就会跑去邻近的自动售货机，将一些装在易拉罐或宝特瓶中的饮品兜在围裙里抱回来。这光景已经很常见了。主妇一边喘着粗气，一边说着什么"多亏了自动售货机，现在方便多了"云云——我记得，自己在乡下的住家中听到过好几次这样的话。如此一来，"不便"消失了。人们已经不必再像过去那样，与坐在后门或走廊上的客人一起推杯换盏地喝茶，等话题一个个冒出来，让气氛变得越来越热烈了。又有一种"居住的技艺"（art）从此消失了；并且，又有一种舒缓而"琐碎麻烦"的人际关系，从此消失了。

我认识一个人，他经常骑着自行车在街上跑来跑去，一旦

---

① 等待人们用遥控器启动家电的状态。

第九章　重新居住，重新生活

心血来潮就会偷偷拔掉街边自动售货机的插头。他的想法我很能理解。如今，日本已经成了自动售货机的大国，平均每23人就能分摊到一台。其中，光是搭载冷藏功能的"清凉"软饮料售货机，就有大约260万台。它们在24小时中不停地运转着，有数据显示，即使一直保持在待机状态，这些机器也会消耗掉一座核电站的供电总量。让如此众多的售货机整日插在（plug）电源上的人，与对此不忍直视，非得给它们拔掉插头不可的人，究竟谁会比较"暴力"呢？

unplugging——"逸脱"，拔掉插头，脱离网络。这是尽最大可能减少人们的依赖程度，并引领人们走向自给自足生活（self-sufficiency）的第一步。在所谓的"发展中国家"里，它抵抗着全球化所带来的压力与诱惑，意味着对内源性可持续发展道路的坚持。在国际社会中，该行为经常成为制裁的对象；与此相仿，出现在产业社会内部的逸脱行为（unplugging），也往往会受到法律或社会的制裁。可是，对该风险做好了精神准备，坚持追求"居住"自由的人们，却一群群现身于产业社会的低洼或角落里。伊万·伊里奇写道：

> 也许他们将被打上各种标签——比如入侵者、非法占据者、无政府主义者、影响秩序者……从安第斯山区搬迁

到利马郊外的印第安种族也好，试图摆脱……对市里住宅供应公社之依赖的芝加哥邻人委员会也好，他们都在向"人必须被收容"，这一当今处于支配地位的市民模型作出着挑战。(《鲜活的思想》)

在这个世界上，既能看到集团性逸脱行为，比如阿米什派（Amish）、胡特尔派（Hutterite）等宗教上的共同体运动，或无政府主义式的、社会主义式的公社运动，还有嬉皮运动等；也能看到个人性逸脱行为，比如流浪者、隐士、遁世者等等。可就如伊里奇指出的那样，或许人们并没有必要拘泥于这种"纯粹"的逸脱形式。在那些只被我们当作爱好、游憩或娱乐的事情，比如假日木匠活儿或周末园艺当中，其实就隐藏着重大的逸脱之可能性。

伊里奇也知道，一个在阿巴拉契亚山脉放牧山羊的家庭，到了晚上可能会用电脑玩玩游戏；一个非法侵占着纽约哈莱姆（Harlem）区[①]公寓楼的人，也许把他的女儿送进了私立学校念书。要对这些人们生活的"自相矛盾"之处加以嘲讽或批判，是很简单的。不过重要的是，通过这种局部的逸脱体验，

---

① 黑人聚居地，曾以贫困与犯罪率高著称。

他们正在不断学习、掌握着某些东西。换言之，伊里奇认为，比起过去那种与社会插接（plug）在一起的"舒适"现代生活，"他们现在更加享受通过'居住'行为，重新获得的生活技艺"。

伊里奇用到了"根源性垄断"这个词组，就拿现代社会中的汽车来举例吧。在美国的几乎所有地方，没有汽车就很难生活。日本，特别是乡下，也已经变得和美国越来越像了。与汽车一样，如今在日本，没有手机或电脑的人也活得越来越不自在了。为什么呢？因为，人们逐渐改造了社会结构本身；而正是该社会结构，使得人们不买这些新产品就过不上好日子。

我们似乎很难摆脱某种思考习惯——我们总是想当然地认为，新技术凌驾于旧有技术之上，或新产品席卷整个市场，诸如此类的现象都是自由竞争的结果。可是，事实并非如此。针对美国的自动车社会，道格拉斯·拉米斯[①]（Douglas Lummis）作出了如下评价：

"直到20世纪20年代为止，洛杉矶都是世界仅有的几个设有通勤电车的城市之一。可是，电车被汽车公司收购了。于是他们逐渐减少电车班次，使其变得不便；不久之后电车公司

[①] 美国政治学家、评论家。居住于日本。

便出现亏损，进而停运了。汽车产业使用同样的手段，大肆收购了全美的铁路与有轨电车公司，炮制出汽车的文化来。这是一段充满暴力色彩的历史。"（《难道没有经济发展，我们就富裕不起来吗》）

接着，拉米斯说到了日本的情况："对用税款来填补原有国营铁道公司的亏空一事，人们曾经大加非难。可是，如果让日产和丰田公司来建设所有的高速公路，并加以管理的话，那么一辆汽车将会贵到什么程度？汽车很方便，所以汽车社会就自然而然地形成了——事情并非如此。这是通过政策手段，人为造成的结果。"

通过人为制造出"没有它不行"的依赖状态，某项技术，或某种产品，就能够在社会或市场上占有确实的垄断地位了。这就是"根源性垄断"。我们生活，并且不得不生活在这种不公平（unfair）的状况中。那么，对这样的我们来说，应该以何种形式摆脱束缚（unplugging）呢？

首先重要的一点是，摆脱束缚、逸脱，并不意味着禁欲主义。根源性独占的基础，在于其酿成的一种气氛。它使人们以为，没有某个特定技术或产品，就不可能得到快乐。比如说，如果没有车，就不能邀请女孩子去约会；如果没有卡拉OK机，就不能唱歌；如果没有电子游戏或手机，那么恐怕连朋友都交不到，如此这般。"除此之外，不可能再找到其他形式的快乐了"，这种强迫性思维轻而易举地支配了人们。乍一看去，在这个时代中，似乎能够制造快乐、促进快乐的技术与机器得到了长足的进步。不过"反过来也可以说，无须依赖这些机器或技术就能感受快乐的能力、自己寻开心的能力，变得迟钝起来了——不论社会还是单独的个人，恐怕都是如此"。不知不觉间，我们变成了一群不依赖"娱乐"产业，就无法"娱乐自己"，换言之享受生活、寻开心的人了。

因此，拉米斯说："摆脱根源性垄断的方法，就是找回真正意义上的快乐。"与人们一直以来信奉的"发展"（development）相对，拉米斯提出了"逆向发展"（counter-development）一词，并以此来称呼带领我们摆脱根源性垄断的道路。它意味着"让快乐、愉悦、幸福、感觉幸运的能力等得到发展"。因此，"逸脱"，拔掉插头，脱离网络，其实是一种快乐主义式的行为。

或许也有人试图从非黑即白（all or nothing）的复古主义或纯粹主义等出发来对抗根源性垄断。不过，这种尝试恐怕既难以持续，又难以转化为一场影响广泛的运动。在此，也许我们应该想象一下由伊里奇提出的"舒缓的觉醒"。尽管身处这个不断加速的社会之中，但通过"游击"式的、局部的逸脱，我们仍然能在生活的各个角落里，培养出与主流不同的，缓慢地流动着时间的支流或潜流。这些另类（alternative）的时间流，正是一个既古老又革新的传说之萌芽。我们也可以说，在此，文化的再生已经悄然开始了。

在自己家里做木匠活儿或园艺，并通过它亲身体验到生活技艺的乐趣，这大概会让我们尝到"逸脱"的甜头吧。当然，其中也能听到商业主义（plugging）熙熙攘攘的喧嚣：无论人们发展什么爱好，都不得不去买些教科书，参加讲习会，或备齐成套的工具和关联商品。因为即使给花草浇水，也有必要去听听专家的意见[①]。不过即便如此，只要在自己家里干这些，人们就能跟着邻家老头儿、老太太依葫芦画瓢，一边回忆着自家爹娘或祖父母当年做过的事情，一边在反反复复的摸索中，找到适合自己步调的、"刚刚好"的享受园艺或木工的方式吧。可以说，自己做木工活儿或园艺实在是一个难得的领域。因为在该行动中，人们能够让自己的肉体，与建造"居住"场所这一过程发生直接联系。从这里起步，人们也许会逐步参与到市民农园、耕田小组、街坊间的木工志愿者等活动中去，找到更多志同道合的伙伴吧。

---

① 至少日本人是这样的。

第九章 重新居住，重新生活

在北美洲，在澳大利亚，我亲眼看见了一群群正在舒缓地觉醒的人们。我想起了澳大利亚墨尔本一个名为赛瑞斯的公园的故事。那里曾是墨尔本市的垃圾场。后来，当地的NGO组织和教育界人士从市政府手中租下了这里，他们从朴门永续农业的观点出发，将其改造为一个充满自然气息的公园。现在，这里不仅成了附近人们的游憩地，还吸引了不少观光客远道而来。

那里有田地，还有农场。从住房和畜舍排出的全部污水，都将在净化后回归自然。那里还有个展示间，展示着从简单到复杂的栽种工具、装置和概念，而它们都是为了摆脱束缚（unplugging）而存在的。那里简直像一个可持续生活模式的样品市场。

一条河，流过公园的旁边。这条曾一度遭受严重污染的河流，慢慢得到了净化，结果连消失了踪影的翠鸟们都纷纷飞回来了。为了纪念翠鸟的回归，人们开始了"翠鸟祭典"；其后每年的该祭典都成了当地盛事。在此，也发生着一场传说的诞生，以及神话的苏醒。

第十章

慢身体，慢慢爱

在身体之中
啊，在身体之中
有着将我与你相连的血肉

因此，人们才会如此
孤单

　　　　　　　　谷川俊太郎，《在身体之中》

1
对自己身体超乎寻常的关心——鹫田清一"恐慌身体"论

加拿大社会学家辛诺特（Synnott）曾说过这样的话："人们也许把身体看得比其他任何一件'事物'都重要。并且，人们还念念不忘地思考着关于身体的事情，为它操心。"

对身体的关心或烦恼，出现在每个时代、每个地区的社会中。可是，恐怕从未有社会，会像我们所居住的现代社会这样吧。在这里，人们对身体产生了如此众多的关心，并且它们还如此严重与强烈；这些关心一下子密密麻麻地包围了每个人的意识。曾经，在世界的各个角落里淡泊地生活着的身体，如今已然被压上了"堆积如山的问题"。它被摆在意识的聚光灯下，成为人们纷纷讨论的话题。

在身体当中，究竟发生着什么呢？哲学家鹫田清一，把处于危机中的现代社会的身体，称作"恐慌身体"（panic body）。让我们跟随他的引导，来看看实际情况吧。

我们总说"我的身体"如何如何。我们毫不怀疑地认为，"这个身体"是"自己的东西"。不过，仔细想想就会发现，关于自己的身体，我们知道得太少了。鹫田说，在德国有这样一则谚语："对每个人来说，自己才是最疏远的人。"别人的身体，尚能当作一件"东西"来看一看或摸一摸；可人们关于自己身体产生的经验，却永远都是片段般的。

只能作为局部存在的"自己"，着实令人不安。现代的欧美人或日本人，总在身边摆放着镜子；他们频繁地映照自己的脸或身体，简直像想办法从这不安中逃走一般。即便如此，一个现代的日本人，在一生中究竟会上镜多少次，或拥有多少枚映着自己的照片呢？我们连自己的脸都不能直接看到。因此，我们便制造出许多投向自己的视线——比如他人的目光，镜子、照片等映像，并通过它们间接地看到自己，从中感到快乐。这大概可以称得上是一种自恋（narcissism）吧。

关于"身体"与"自己"的关系，鹫田清一这样论述道：我们感到自己"拥有身体"。可是，"拥有"意味着什么？如果身体是一件我们的所有物，那么它应该可以转让、交换、销毁。如果从自己身上，把"身体"这部分一点一点地全部交换或销毁掉，那么我们又会留下些什么？要是失去身体，我还是我自己吗？如果生了病，身体就会发烧，疼痛，咳嗽，乏力，流鼻涕，流眼泪，耳鸣，淋巴结肿大，出血——如此这般，身体简直像一只与"我"这个存在不相干的、独立存在的生物一般作出种种反应。这样的身体，真能称得上是"我所拥有的"，或"我的东西"吗？

第十章　慢身体，慢慢爱

"这样想来，就能明白一件事。'我是谁？'这个问题，与'我不是谁？'这个问题，换言之'将谁视作与我不同的人（他者）'这个问题，是互为表里，而又密不可分的。"（《自己，这个不可思议的存在》）

既不是那样，又不是这样。只有通过这种否定句式，才能把握到"自己"。"自己"成立于我与他者的关系之上，只有当我们认知到他或她"不是我"，"自己"才得以存在。这就是所谓的"身份认同"吧。即便如此，我们仍然常常以为，"自己是谁"这个问题的答案，仿佛就存在于自己心中，存在于这个被皮肤包裹的身体当中似的。换言之，我们会觉得，当与他者分开，在与他者毫无关系的状况下，自己才能成立。不，有时候我们甚至认为，不把自己与他者隔离开来，自己的存在就会受到威胁。"区别"一词，本该意味着"对他者产生认知"；可是它在不知不觉间却变成了"隔离"，阻挡着自己与他者间产生的关联本身。

在此，鹫田发现了一个存在于现代日本社会中的危险征兆。当人们试图将自己从围绕在身边的世界中隔离出来时，感知两者分界线的意识，就必然变得越发敏锐。于是，身体便在那里粉墨登场了。从某种意义上来说，那些密密麻麻包围着现代人身体的关心与烦恼，全都是些为了令人感到自己就是自己的必要材料。现代人频繁地去医院报到，不只为了解决烦恼；不如说，人们也许是在自寻烦恼——恐怕只有通过这些身体上的烦恼，才能确立自己的存在吧。

想把自己的存在隔离起来。这一愿望，首先会从厌恶、避免与他人身体接触的感情、意识或行动中体现出来。与其他众多的文化相比，日本文化中人与人身体间的距离较大，互相接触也很少——这是个老生常谈的话题了。而从另一方面看来，在连日的上下班高峰时段中，日本人却不得不拥挤在人群里，被迫接受意外的身体接触。可即便如此，仔细看看的话就会发现，拉着手或勾肩搭背的日本人确实急速地减少着。家人间的骨肉之亲，同僚友人间问候、对话时的身体接触，似乎也变得越来越少了。

试图避免接触的意识，进而表现在了其他地方。比如人们会对别人的体臭、烟味等粘在自己的头发衣服上而感到厌恶，或反过来担心自己的口臭、体臭会令他人不快，而感到不安。除此之外，从 20 世纪 80 年代起常常成为人们话题的洁癖症，或"清洁症候群"等等，恐怕也应该算作人们期望隔离的表现之一吧。

2
"清洁志向"将自己与他者隔离起来

日本的 20 世纪 80 年代是泡沫经济的时代,同时也是"清洁症候群"急速扩展的时代。人们掀起了所谓的"早起洗头"①热潮,与此相关的各个行业便顺势研发、上市了一系列新产品。其中不仅有洗发水、护发素、焗油膏等基础产品,甚至还有除臭剂、漱口水(液体牙膏)等"礼仪性洗护用品",及可升降的沐浴喷头、方便洗发的洗面台等。这些新产品一经上市,就销量大涨。在"早起洗头"热潮之后,以处理多余体毛为主的"全身美容"大潮又在日本接踵而至。

"早起洗头"热,从侧面标志着日本的北美化。北美洲的人们也极度热爱淋浴。在一般的美国家庭中,永远常备着大量"清洁"的浴巾,大多数人每次淋浴后都会换一条新的。而且,北美社会中身体除臭剂和漱口水等商品的普及程度,也是其他地方难以企及的。

所谓发达国家的人们,似乎多少都有些洁癖。而且,人们

---

① "朝シャン"。曾入选日本 1987 年流行语大赏。当时,日本的大多数女高中生表示"即使不吃早饭也必须在起床后洗头",引起人们热议。

也常常将卫生习惯的推广方法或进展程度,当作衡量某个社会文明发展高度的指标。体现在抗生素、消毒剂、杀菌剂滥用上的"消灭细菌"思想,简直可以称作现代文明共通的特征了。即便如此,其中开始于日本20世纪90年代的"抗菌"热潮,仍然算是相当突出的。

生物学家藤田纮一郎的专业方向是微生物研究。他指出,体现在抗菌用品上的洁癖主义,已经在现代日本中引发了一系列深刻的问题。

"连电器产品,家庭日用品,文具,合成纤维制品都成了'抗菌制品'的嘉年华。只要拧开水龙头……就能得到高浓度的氯,它是一种'强力灭菌剂'。在洗衣服的时候,人们会用到次氯酸钠之类的漂白剂,这又是一种强力的灭菌剂。小孩子一旦给裤子弄上了'屄屄',主妇们就会马上拿出甲苯酚(克利沙尔,cresol)消毒,然后再用阳性皂加以清洗……失去正常菌群的皮肤,必定会遭受来自外部病原体的侵袭。如此一来,蜱虫等抗原就更易进入人体,也更易引发特异反应性皮炎。就连那些看起来'很恶心'的生物——一直以来被我们百般厌恶的寄生虫,其实也是为我们抑制花粉症,及特异反应性皮炎等病症发作的'共生虫'。"(《共生的意义论》)

这样看来,围绕有关身体的问题,人类文化似乎与大自然展开了激烈的争吵。不，也许我们应该说，人类试图将自己从大自然中分别开、隔离起来，划出一片名为文化的势力范围，并严加看守。不论从哪个角度来看，身体，在这里都象征着文化与自然间的分界碑。

在这条分界地带上，人们试图张开无法穿透的隔膜，试图建造起不透风的铁壁。但讽刺的是，这种尝试却让隔膜或铁壁内部呈现出免疫不全的状态，使"自己"逐渐走向了衰弱。

当说到"清洁"或"不洁"之类的词语时，我们总将其视为一个以身体为中心的卫生学问题。不过事实上，我们在此讨论的却是一个社会学上的问题，也是个关乎文化的问题。并且，成为问题的，不仅是人类与微生物之间的关系。它还是一个关乎"我"和"你"，"自己"与"他人"，换言之某个人与其他人之间关系的问题。在学校，有时孩子们会玩起将某个特定的孩子称作"霉菌"，加以排挤、孤立的游戏。小学生，特别是在男孩子之间流行着"不敢在学校大便症候群[①]"，它已然成为一大问题。

---

① 统计发现，超过半数的日本中小学生在校期间都会忍耐便意，尽量不在学校厕所大便。因为那样做"很羞耻"，也可能遭到同学的嘲笑和欺负。参见 http://www.j-cast.com/2013/11/23189640.html?p=all（2014年2月26日阅览）。

说到底，称中年男性为"臭老头子"，并加以嘲笑的现象，就是成人社会中的"霉菌"游戏吧。"臭老头子"指的是什么呢？首先，人们往往会将其理解为"独特的体味""脖子出汗"①，或"口臭"等身体上的特征。这绝非偶然现象。那些令人不愿亲近的街上的"臭老头子"们，当然不可能与自己家里的"臭老头子"即父亲，无关。现代日本的姑娘们，不敢用手触摸亲生父亲的内衣，必须用筷子夹着丢进洗衣机里；这件事被介绍到了海外，还一度引起了轰动。我们这些日本人，究竟有没有试着去想过这轰动的意思呢？

最近，我很在意一件事。日本人在和熟人朋友打招呼时，动作和表情都实在太生硬了。时至今日，人们仍然将握手当作一种特殊行为；碰触肩部或胳膊时，人们还和从前一样感到不习惯。另一方面，除了正式场合之外，似乎从前那种问候——双方一起低头的"鞠躬"行为，正被人们迅速地抛弃。可是用来代替鞠躬的动作，却迟迟没有登场。年轻的女性们在说"拜拜"时，会摆一摆手；不过在这时候，她们的上臂却紧贴在身上不动，使得整个动作看上去显得又小又拘束。看起来她们简直像看管着自己，生怕胳膊会离开身体，贴近对方一样。

---

① 更年期常见症状之一。

第十章 慢身体,慢慢爱

几年前,一个女学生来找我谈心。我听到她说,"不知道该把手放在哪里才好,因此觉得很困扰"。比如,她说自己不知道走路时手应该摆放到什么地方,做出什么动作才对;可是一旦开始思考这个问题,就会越发地搞不明白,反而让手显得更加碍事。她在电车中也不知如何是好,因此只能抓住吊环。这可真是"无所措手"了。手这个运动量最大、具有很高功能性的身体部位,却在日常的、基本的动作中被当成了"多余之物"。

可是,仔细想想就会发现,她感到"碍事""多余"的部位,与其说是手本身,不如说是胳膊。这位女学生,正在为自己的胳膊"不知该放到哪里而困扰"。人通常会有两条胳膊,每一条都能在前后左右上下间自如地伸展;它们在身体周围,换言之,那存在于自己与他人之间的空间中活动着,在那里描画出各种各样的意思来。手臂,向着两人身体之间的空间中伸展,它缩短了存在于两者之间的物理距离,并以此缩短着社会层面上的距离吧。在拳击运动中,手臂的长度被称作"reach"(臂展)。与此相似,在文化中,手臂在实质上成为衡量自己与他人间距离的尺子。reach out,伸出手臂,它就是通向他者的桥梁。

如此一来,我们便可以将"不知该把手放在哪里"这个年轻女性的烦恼,考虑成一种现象了——这表明她在与他人的关系上遇到了某种困难。同样,将胳膊紧贴于身体的局促的打招呼方式，或许也是"我"——即鹫田所说的衰弱之"自我"——所呈现出的某种身体性表达。在此，这个衰弱的"我"，试图通过与他人的关系性（也许说无关系性会更好一些），即隔离，来保持住"自己"的存在。

3
表现在饮食和性上的身体危机

鹫田指出，"恐慌身体"（panic body）这一身体层面的危机，集中体现在饮食与性，这"两个人的自然位相"上。

研究发现，在从日本地方迁移到东京度过独居生活的人中，有许多人都曾经历过厌食症或暴食症的困扰。鹫田的书中介绍过这样一个例子：一位有类似经验的女性，在回顾她的暴食症时说道，该症状是由"饮食计划性"的缺失而引起的。此外，鹫田又举出了几个例子，如婴儿在感到自己并未被爱着之时，可能会拒绝饮用其生命赖以维持的乳汁；还有，平时行动极其迟缓的精神病患者，可能会以可怕的速度进食等等。然后鹫田写道："当人们感受不到人与人之间的亲密感或亲切感时，饮食生活也会随之崩盘"（《发出悲鸣的身体》）

第十章 慢身体，慢慢爱

关于人类的性，岸田秀①曾经发表过这样的看法：人类与其他动物的不同之处在于，人类的"本能遭到了破坏"。鹫田效仿这一观点，指出存在于人类之中的"自然"，"在很久以前就毁坏了"。他们认为，正是为了修缮、填补这个"毁坏"的部分，人们才创出了文化。

暂且不提"毁坏了的自然"这个表达。很明显，人类拥有并未被先天性因素所决定的巨大"余地"；正因为如此，人类才能成为与其他动物不同的文化性存在。一直以来，文化人类学向我们展现的世界文化之多样性，就是对其最好的证明。如此看来，人类的饮食生活与性生活，就与其他动物围绕食与性所展开的行动，有本质不同了。对人类来说，饮食不仅仅是为了满足生长、代谢需要而进行的营养摄取行为；而性行为，也不仅是单纯的繁殖行为。

一切文化中的食与性，都被包围在各种规范、礼仪、价值观或神话中。比如，我们刚才提到的"饮食计划性"。那其中体现着独特的审美观、礼仪或身体技术，每一种"计划性"都拥有自己的步调、时机、节律和风格。即使这些行为是由一人独自进行的，它仍然在本质上拥有集团性和共通性。我自己的

---

① 日本心理学家、精神分析师、思想家。

饮食生活与性生活，正体现着我与共同体中其他人的关系，以及自然界中种种关系的存在形式。

共同生活的核心是共同进餐。可以说，无论哪个文化都很讲究"有人性的饮食方式"，而共餐则正是它的表现形式。在现代社会中，家人每天聚在一起进餐的习惯面临着瓦解。可即便如此，我们却仍能看到人们表现出对饮食共同性的执着，比如：聚餐，午餐会，联欢晚宴，"吃同一锅饭的好哥们"，约会时的用餐等等。另一方面，最近日本电视上播出的所谓综艺节目中，看谁吃得最多或看谁吃得最快的比赛越来越多了。这反而更能让人体会到共同进餐文化的衰落。

绪方正人，一位渔民，通过水俣病事件整理出了一套独特的思想。他说，现代社会所面临的危机，首先是"生命记忆"逐步丧失的问题。他认为，本来，饮食活动就意味着生命的交换。饮食即杀生。我们只有夺取其他生物的生命，才能获得自己的生命；人人不过是自然界食物链的一环而已。作为渔民的绪方，长久以来每天都身临杀生之地。而他发现，现代文明却试图将人们尽可能远地从这个地方隔绝开来。然后，人们离开杀戮之地越远，关于生命的记忆就变得越稀薄。

就像教育家鸟山敏子所指出的那样，现在日本的孩子们大都认为，食物全都是从超市里变出来的。甚至有的孩子们提到

"鱼",就只能想象出盛放在塑料盘子中,裹着保鲜膜的切块鱼肉的样子。关于这超市,绪方作出了以下评述:

"我们这些人类,每人都或多或少地偷着东西,不是吗……超市之类的地方,就相当于强盗们的分配中心,钱大概就是那里像通行证一般的东西吧。我们从那里弄出多得根本拿不走,多得冰箱里放不下,只能眼睁睁任其腐烂的东西,然后把它们提回家,若无其事地说着'反正已经交过钱了'。"（《划动黄泉之舟》）

"进食"行为,曾经被包裹在畏惧与战栗中,还有感谢与欢跃随之而来。可现在,这些应有的感情全部消失,只剩下了人们若无其事的脸。将大自然视为一种资源,连拥有生命的个体都被置换为货币式的价值——在这样的经济构造中,饮食文化似乎变得越来越细弱了。

我们很容易想象到,围绕饮食产生的这种种危机,都与厌食症或暴食症等现代病有着深刻联系。

而另一面,鹫田清一说,性,也"萎缩着,受到了伤害"。

"性,是发生在个体与个体之间的、身体上最浓密的交通。围绕着这一中心的,还有父母与儿女间亲密的相互接触,甚至人们与自己的身体间发生的多重而深厚的关系。一直以来,这些关系互相交叉,构成这个名为家庭的、由复数身体融合而成

的特异空间。"(《悲鸣着的身体》)

可现代的性行为,却有将这种浓密的交流预先排除于外的倾向。大众媒体上日益充斥的"欲乐信息",反而表明了一个事实:人们在无法与伴侣分享"快乐"的状态下,"只有持续的饥渴感与不满足感,确实地日渐膨胀开来而已"。

莫里斯·梅洛-庞蒂(Maurice Merleau-Ponty),提出了一个名为"关系身体性"[①]的词语。身体这一物件,并非孤立存在。换言之,本来,这个具有共同性的、富有感情色彩与表现力的身体,只能存在于相互的关系之中。可以说,交流、沟通,就是身体的本质。所谓性爱,应该正是充满"关系身体性"的身体,得以集中表现的舞台。

可在我们身处的时代,性爱却被蒙上了攻击性与暴力的阴影。这里有一系列可以象征它的词汇——性骚扰、性暴力、跟踪狂、性冷淡现象、"援助交际"、儿童色情等等。在这些词汇的背后,我们仿佛能看到被从文化框架中分离出来的"每一种性爱,以及每一代人,都在尚未找到能够共享的故事之前,就将'性'作为一个问题赤裸裸地摆在面前,加以接触了"(鹫田)。在信息泛滥而成的大洋中,"性"作为一种观念膨大

---

① 身体间性。

第十章 慢身体，慢慢爱

起来，眼看就要溺毙了。

这就是鹫田所说的"恐慌身体"。换言之，它意味着人们的身体失去了本该拥有的"松弛、动摇"或"空隙"，因此变得不能"斟酌"与"通融"，"变得硬邦邦"了。与"恐慌身体"相对应，还有另外一种身体。它将再次回归于"松弛""动摇"或"空隙"，让人们得以想起与他人身体交通或接触时产生的舒适感。我想将此称为"慢身体"（slow body）。如果身体是一件为了让人们拥有它、管理它、支配它而存在的东西，那么"松弛"、"动摇"或"空隙"等等，恐怕只能成为妨碍吧。与从他人那里明确地区分开来，被隔离的"单体"身体相比，人们会觉得"关系性身体"，这种仿佛与他人互相渗透在一起的身体，是不适于拥有与管理的、效率低下的、最麻烦的。它实在是"慢"的。

可是想一想就会明白，比如爱，比如恋情、友情、同情等这些我们与他人之间的联系，本来都是效率低下的；它们都具有亲密人际关系所特有的麻烦、累赘、琐碎的一面。可这种麻烦，才正是伴随着恋情、友情、同情等感情而来的，欢喜与快乐之源泉。"快餐式爱情"是一种语言矛盾——因为爱情，实质上就是"慢"的。

4
正因为身体是有限的,所以才自由

当孩子还是个孩子,
他总有这样的疑问:
为什么我是我,而不是你?
为什么我在这里,而不在那里?

电影《柏林天使之诗》①
(Der Himmel über Berlin)

清水满是一位德国思想的研究家,同时他对北欧的社会教育也深有了解。其在著作中一边对电影《柏林天使之诗》[维姆·文德斯(Wim Wenders)导演,1987]作出论述,一边展开了他的身体理论。在这部电影中,主人公——天使,在偶然路过的马戏团大棚中,对一位身着假翅膀的秋千女郎产生了恋情。可是,恋爱却是天使的大忌。于是清水说道:

"为什么会这样呢?因为他没有肉体。感性,只会赋予拥有有限肉体的生命。触摸喜欢的人的脸颊或身体,用自己的身

---

① 又名《柏林苍穹下》。

体承受对方存在的重量,互相接触。像这样,能在空间上被隔离开,也能填补上那个距离的,只有拥有身体的有限的存在者而已。"(《共鸣的心,表达的身体》)

天使为了去钟爱的女性身边,变成了堕落天使。为了获得身体,他抛弃了永恒的生命,放弃了不受时空制约的、普遍存在的自己①。

"正因为人们都是些拥有身体的有限存在,所以我才只能成为我,我不可能成为你。正因为拥有身体,所以一个人所处的位置才被限定在了一个地方,所以我们才会生活在时间与空间里,无法眺望到时空的全体。"

人类是一种身体性的存在,所以人是有限的。可是,正因为这种有限性,人类才可能成为具有表现力的存在。换言之,"正因为我不是你,所以我才会利用身体来向你表达自己的想法";人们正是"在通过彼此的双手与臂膀,感受到对方存在的充实感中,可以说利用自己的身体,逐渐构筑起了世界的真实性"。所谓的身体,所谓的表达,都是这样缓慢的过程。在该过程中,有时人们会感到,自己仿佛行走在一条无始无终迂回曲折的道路上,慢得令人难过。恐怕,这便是人类,而非天

---

① "吾所以有大患者,为吾有身"。

使间的沟通吧。

我想起了牧口一二先生讲述的故事。那是一位严重的身体残疾患者，缓慢地、耐心地坚持着"人类的交流"的故事。

平面设计师牧口本人，曾因脊髓灰质炎导致了残疾。某天，他迎来了一位特殊的客人。这位男性来访者因患成骨不全症而卧床不起，"哪怕轻微的震动也会让他骨折"。通过谈话，牧口得知他竟然躺在床式轮椅（也许称它为"装着床的手推车"更恰当）上，从爱媛县只身来到了大阪①。而他的名字，叫作宇都宫辰范。

出发之前，母亲将宇都宫的身体抱到自家大门前，让他平躺在了安装着矫正护腰的床式轮椅上。然后，母亲在那里对他说完"慢走"，就转身回屋了。于是，宇都宫就一动不动地躺在原地，等待路人走过。然后，他会大声叫住路过的人，如果那人也正走向自己想去的地方的话，宇都宫就会拜托他推着床送自己一程。这过程经历了无数次重复，宇都宫终于用接力的办法到达了目的地。从爱媛来到大阪，他用的也是这所谓的"投接球游戏式步行法"。

在宇都宫所躺的床下，有一个挂着帘子的货架。那里放着

---

① 从爱媛县松山市到大阪市，驾车行程约 329 公里。

餐具、马桶、尿壶等一套随身携带的用品。他的脚指向推车前进的方向，这使得他的脸与帮他推车之人的脸靠得很近。必然地，他们会开始对话。在这一过程中，推车人总会亲切地发挥善意，说自己即使绕远，也愿意把他送到目的地去。这时，宇都宫一定会郑重其事地拒绝他们。如果推车人认为他是在客气，并再次提出帮忙的话，宇都宫就会这样回答他们：

"不不，我之所以这样说，并不是因为客气。在与您告别之后，我还会再叫住一个走向同样方向的人，然后请他来帮忙的。因为那样做，能让我遇到更多的人，哪怕只能多遇到一个也好。"（《什么是残障，谁会更自由》）

在他移动床的前方，垂挂着横格笔记本和一支铅笔。对那些在他的移动中，用各种方法多少帮过忙的人，"如果可以的话"，宇都宫都会拜托他们在笔记本上记下点东西。这是一本由每个人亲笔书写的地址簿和签名册，对宇都宫而言，它就是旅行的记录。那是邂逅的记录，也是缘分的印记。

宇都宫回答了牧口提出的问题。他说，如果他把自己的行动视为给别人增添的麻烦，并对此加以回避的话，那么自己就只能待在家里，度过卧床不起的一生了。想度过人生，就必然要与别人互相添些麻烦。尽管骨头可能会在某时某地坏掉，不过自己仍然作出了这种选择——冲到外面去，一边与人搭话一边生活下去。

听了这番话,牧口对"自立"一词作出了重新思考。所谓"自立",是一个被人们当成了人生目标的词汇;它将残疾人与健全者们紧握于魔掌之中,驱赶着人们前进。但是,牧口想道:"人们总将自立挂在嘴边。不过,如果把仅以一己之力就能搞定一切的人当成够格的大人,那可真是大错特错了呀。"渴望让自己获得能力,想变成不必借助他人之力就能生活下去的人;在这种意味的"自立志向"背后,往往隐藏着对他者产生的不信任感,不是吗?能信任的只有自己,这真的太寂寞了。牧口说,健全人"拼命努力、不辞辛劳地坚持着的自立行动,其实并不是自立,而是孤立"。反而在宇都宫这位重症残疾人的生活方式中,才能看到一种通过将自己与世界相连,而获得的真正的自立与自由——这就是牧口的思考。

无论残疾人还是健全人,人,全部都是有限并且无力的存在。我们现在之所以能够生存,是因为借助了各种各样人的力量。让人们彼此间补足自己所不能完成的部分,这才是家庭或共同体本来的存在意义吧。时而照顾别人,时而被人照顾。互相支持,互相鼓励。

"人是不可能以一己之力活下去的,我真这么想。即便世上有像超人一样的家伙存在,像那样的人生,估计也没啥大不了的吧。"

在此，牧口道破了这样的情形——与残疾人相比，健全者反而更易被所谓的"自立"束缚住，变得不自在。然后，他揭示了一个可能性：也许本应身负种种障碍的残疾人，反而更能通过交互而彻底的身体"邂逅""交流""共鸣"，来把握住更多的自由吧。

5
爱与性，都是慢一点好①

性爱，还是慢一点好。似乎不论谁都会这样想，可我觉得，恐怕多数人并不太懂这句话的意思吧。杂志传媒会写，慢性爱的关键在于男性能坚持得更长久；换言之，与"早泄"相反，到射精为止的时间长一些比较好。许多人，似乎都只将慢性爱（slow sex）理解为这种程度的"技术性问题"。

---

① 传统医学认为，依个人体质不同，频繁的性生活（包括视觉刺激、幻想等）有可能引起食欲不振、思考能力下降、心神不宁、易疲劳、烦躁、颈部不适等多种症状，望读者三思。

人们有时会对自己与爱人间的情感关系感到厌恶，有时亦会"把被快感席卷视为一种负担"（《发出悲鸣的身体》）。尽管如此，人们还是会把性爱当成"义务"一般，继续做下去。如果正如鹫田清一指出的那样，现代日本人的性爱中体现了这种倾向的话，那么我们应该可以断定，这正是性爱的快餐化了吧。

"快餐性爱"（fast sex）包含着三层意思。首先，它意味着人们花在性爱上的时间越来越少了。在日本所谓的"爱情酒店"（love hotel）中，为做爱而设定的使用时间，被限定在了两个小时——这在世界上都是罕见的。而且，酒店还将这种服务称为"休憩"。这实在太幽默了，简直像一个讲述着我们离休息渐行渐远的故事一般。也许不久之后，"休憩"也会像停车场那样，改用咪表计时了吧。

快餐性爱的第二层意思，与第一层关系很深。它意味着，性爱或快感的概念，变得越来越小、越来越狭窄了。性爱成了仅局限于器官的行为，该词语的意义也只剩下了性行为本身，甚至性器官的结合而已。而且，快感也与性爱的变化同步，有了技术式概念化的倾向。现代日本的性爱被关在了密室里，它被孤立了起来。就像我们所看到的那样，性爱已经失去了应有的作用——它本该或让日常的人际关系变得更圆滑，或让人们在举止、姿态中发生的身体接触，变得更丰富才对。

第十章 慢身体，慢慢爱

快餐性爱的第三层意思是，人们制造出了一种印象，使性爱仿佛变成了只有青年才能拥有的东西。从很久以前开始，超过某个年龄层的人（特别是女性）如果表达了性需求（sexuality），就会遭到人们诸如"都一把年纪了"之类的揶揄或批判。不过，如今这个年龄线似乎变得越来越低了。人们感到，性爱作为一种"很快就会过去的事物"，渐渐变得与人生，这一贯穿着"年龄增长"与"衰老"的，慢速而舒缓的过程相违背了。

我们身处的时代，明明经受过20世纪60年代"自由性爱"（free love）与"性革命/性解放"（sexual revolution）的洗礼，结果却走向了如此的性贫困。其中也许混杂着各种各样复杂的原因，因此人们恐怕很难找到改善该状况的方法。

即便如此，我仍然想说，我们这个新时代的性革命，也许会将目标定为"慢·爱情"（slow love）与"慢·性爱"（slow sex）吧。让我们拜托老年人，而不是年轻人，在这场革命中充当引路者吧。当然，这些老人，是能用现在时态来讲述性爱的老人。也许他们会教给我们不少关于性爱的事情——和青年时代那忙忙碌碌的性爱不同，他们将告诉我们，慢悠悠而回味深长的老年时代的性爱生活，是怎么一回事。但更重要的是，这将促进我们的思考与实践。人类在其整个一生，这个漫长而舒缓的过程中，都是一种性的（sexual）存在——人们将与那些老年人一道思考这句话的意义，然后将其活用于自己的性生活中。

露丝·韦斯特海默（Ruth Westheimer）是一位美国的性科学家，更是老年性爱的权威人士。她在65岁的时候曾经这样说道：

"性的能量来自性冲动；而年龄与性冲动，是几乎无关的哦。因此，千万不要以为自己上了年纪，就没办法成为一个够格的性爱对象了——才没有这种事。不过，它与以前相比还是会有点变化的。你和20岁的自己可不一样了呀。不论对男人来说还是对女人来说，达到性高潮总要比过去多花上一些时间。也许性冲动的强度也会变得不如从前①。不过不管怎样，这些变化可都是非常缓慢的过程哦。而且就快感来说的话，它也一点都不比过去差。性爱是生活着的证明，是充满祝福的礼物——从这一点来说，它也和过去一样，对吧。"[《我们未来的自己》(*Our Future Selves: Love, Life, Sex, and Aging*)]

---

① 《黄帝内经》云：丈夫……五八，肾气衰，发堕齿槁。六八，阳气衰竭于上，面焦，发鬓颁白。七八，肝气衰，筋不能动，天癸竭，精少，肾脏衰，形体皆极。八八，则齿发去。肾者主水，受五脏六腑之精而藏之，故五脏盛，乃能泻。今五脏皆衰，筋骨解堕，天癸尽矣，故发鬓白，身体重，行步不正，而无子耳。——故老年人性欲减退，可看作是身体生命力衰退的表现，也可以看作身体为降低消耗而采取的自我保护措施。望顺其自然，切勿勉强。慎之慎之。

终章

慢文化

为学日益,为道日损。

损之又损,以至于无为。

无为而无不为。

《道德经》

1
文化就是小小的、慢悠悠的东西

我的专攻方向是文化人类学。因此,我很想将这本书,称作以自己的方式写就的《人类学入门》。可比起"入门",我更想试着用一下"出门"这个词。人类学入门之类的书,在市面上能见到不少;不过大家却未听说过"人类学出门"。——只见过从门里进来,却没有听说过谁要走出去。一旦进来了就再也出不去。不把出口的位置标示出来,实在有失周到吧。以这种态度对待那些想要成为人类学者的人,难道没有问题吗?

当我在美国的研究生院里攻读文化人类学时,"应用人类学"这个词汇开始流行起来。我的那些同窗们,是只要听到这个词就会皱起眉头来的。那时候,人类学大受学生欢迎的时代已经过去,即使好不容易拿到了人类学的学位,也很难在大学里找到工作。所谓"应用人类学",指的就是可以在大学之外派上用场的人类学吧——就像把锅当废铁卖也能值点钱那样。

在尚把"纯粹的学问"当作志向的人看来,恐怕"应用人类学"会显得不纯;而对抱有强烈左翼政治倾向的人来说,这看起来又像是个依附于政府或大企业的体制的并且右倾的学科。除此之外,我们也会经常听说这种事情:人类学者受雇于跨国公司，其进行的调查，成为制定市场战略的工具；或者受雇于军队或中央情报局，使田野调查堕落为一种间谍行为等等。正因为如此，我也和大家一样对"应用"产生了过敏反应，进而完全忘掉了这个理所应当的问题——在现实社会中，如何才能将人类学在我自己的日常生活中"应用"起来？换言之，我曾一度忘掉了"出口"的存在。

在取得文化人类学的学位之后，我就开始在大学里教书了。这些年间，发生了两件预料之外的事情。其中一件事是，教书这个工作，渐渐变得令人愉快起来了。和学生待在一起的时间，比想象中更讨人喜欢。如此一来，"该如何讲解人类学"这个问题，就变得越发重要起来。于是，我就很想作出一种尝试：尽可能不用人类学的专门术语或独特措辞，而向人们——并且终归要向自己——重新讲述人类学。

而另一件事情则是这样的：通过与北美、南美原住民族的邂逅，我对环境问题的关心变得深厚起来，进而热情地投身于环保活动中去了。与文化人类学的诸多问题相比，我感到环境问题更加重要，因此相较于做学问，我变得更想偏重于环保运动了。

自那以来，我一直思考着文化与环境的关系。从三年前开始，我在大学里开设了一门名为"身体的文化人类学"的课程。在授课中，我将身体描述为一个使自然与文化彼此紧密相连、互相排斥，并让它们融合到一起的场所。可以说，身体就是最后的大自然，而它也是人类征服自然的最后战场。同时，身体还是让自然与人类走向和解的最后的谈判桌、最后的希望。人们每天都生活在身体中饮食男女等自然的位相里。因此，每一个人，本来都应该是生态主义者、自然主义者才对——从环保主义或生态主义这些词汇问世很久很久以前开始，就已经是了。

通过思考关于身体的事情，我们发现，完全可以将全球范围的环境破坏，以及随之而来的人类生存危机，作为文化的危机来考虑。假如自然破坏的问题与文化破坏的问题是同一回事，那么在解决环境问题的过程中，文化人类学亦将扮演极其重要的角色吧。

我教授文化人类学。可我教得越久，就越搞不明白"文化人类学到底是什么"。尤其"文化"这词，简直是个居心叵测的家伙。即使我们正在使用它，也总觉得有些别扭。什么消费文化、电视文化、快餐文化、青少年文化、体育文化、信息文化……不论什么东西，只要接上文化这个词尾，就能给人一种恍然大悟般的感觉——这真是方便得很。不过归根结底，这些词语还是让人摸不着头脑。在大学中，也会用到诸如"人类文化""国际文化""环境文化"等奇异的词语；不过，恐怕造出这些词语的人本身，也搞不太懂它们的意思吧。

人们常说，文化经历着全球化。可是，人类学却告诉我们：不论哪一种文化，本来都是地域性的、在特定的生态系统中养育而成的、本地化（vernacular）的东西。那么，当文化经历了全球化之后，文化还是文化吗？

日语中有カルチュラル　スタディーズ（cultural studies）这个词。虽然可以将其直译为"文化研究"，不过不知道是因为它不能被翻译成日语，还是因为人们不想翻译它，总之在大多数时候，它也和其他许多词语一样被音译为片假名拼音。在此，"文化"一词的意义，显然已经超出其在人类学等领域中旧有概念的范围了。在这种情况下，该词语似乎正试图为我们带来关于现实中各种社会现象的新解释。那么如此一来，文化这个词语，又会采取怎样的行动呢？一种可行的方法，就是扩张。对词语进行再解释，使它与现实合拍。如果现实变得更大、更快，那么词语的概念也就跟着变得更大、更快。因为过去的文化定义，归根结底无法充当现实——比如"消费文化""信息文化"的对手。

这种与现实合拍的方法，似乎确有不少好处。不过在这一点上，我自己的态度还是有些保守的。我想，我还是愿意将文化的本质定义在它的"小"与"慢"上。一旦超越了某个特定的规模或速率，从那时起，让某种文化之所以成为文化的、一种本质上的东西，就被失却，抑或遭到破坏了。如果到了那个地步，我们就不要再称其为文化了吧。不要为了与现实合拍而扩张言语的意义——让我们就在文化本来所应具有的"小"与"慢"上，作出坚持吧。

2
作为均衡、调节、净化装置的文化

"作为'小'而存在的文化"，关于这点，恩斯特·弗里德里希·舒马赫写在著作《小即是美》（1973）中的事情，可以给我们提供不少线索。

舒马赫的时代，打着"更多、更远、更快、更加富裕"的旗号。他痛烈地批判了当时的经济至上主义和科学技术信仰；而现如今，舒马赫这些批判的言辞，几乎可以原封不动地拿来用在"全球化这个怪物"身上。舒马赫自己的学问，本该是经济学才对，不过他却对经济学作出了如此表述：如果经济学这门学科，永远无法超越国民收入、经济增长等抽象概念，并且

"无法碰触到贫困、挫折、疏远、绝望、社会秩序的分裂、犯罪、逃避现实、精神压力、拥挤混乱、丑陋以及精神的死亡等如此这般之现实的姿态的话,那么,我们不妨将这样的经济学抛弃掉,从头开始吧"。

舒马赫还对技术提出了主张。他所提倡的,不是效劳于"更快,更多"式大量生产的巨型技术,而是为"人民大众之生产"(这个概念由圣雄甘地提出)服务的民主的技术①。

"我坚信,人们能够赋予技术新的发展方向,让技术回归为人类真正的必需品。这个方向,与人类的身材也是相称的。人类是渺小的。正因为如此,小,才是美好的(Small is beautiful)。"

与人类体长相称的,合理的尺寸与规模。与此相似,人们共同生活于其中的聚落、共同体,也会有与之相称的"小"吧。"作为'慢(slowness)'而存在的文化",也是如此。人类有着与自己身体的尺寸相称的速度与步调。类似地,文化也拥有与之相称的迟缓。在人与自然的关系,或者人与人的关系当中,也存在着刚刚好的节律或快慢吧。不论在人类身体层面的存在,还是在社会层面的存在当中,都流动着与之相称的时间。

---

① 适用技术,appropriate technology。

终章　慢文化

　　土壤、动植物、地形、气候，循环往复的季节，太阳、星星、月亮的运行，潮涨潮落。在此地，人们通过思考与行动，一点点将意义交织入神话、祭典、仪礼、舞蹈，还有歌谣当中。每一个人类的共同体，都拥有其独特的时间。在每一条河川、每一座山谷中，都包含着独特的音乐性。正是这种音乐性，将居住于此的人与其他人区别开来。

　　舒马赫说：技术，应当是人类创造的东西才对；可是它却"依照独自的法则、原理发展下去了"。这与自然界形成了鲜明的对比——自然界，对增长和发展"应该停止于何时何地，是深有体会的"。

　　"自然界中的一切事物，都有大小、快慢、力量的限度。因此，在这个人类也是其组成部分之一的自然界当中，均衡、调节、净化的能力正发挥着作用。"

　　而在另一方面，"技术，却并没有遵循这个由自身来驾驭大小、快慢、力量的原理"。正因为如此，在技术中，"均衡、调节、净化的能力并不能起到作用"。

　　与往昔别无二致，我们的时代仍然生活在"无限增长"的神话中。即使不改变原句，仅将舒马赫的"技术"一词改写为"现代社会"或"经济"等，看起来似乎也说得通。

　　可是，这里有很重要的一点：许多传统社会，都曾熟识制约大小快慢力量的限度。似乎在那里，与自然界相同的均衡、调节、净化的能力，也发挥着作用一般。我想，或许本来文化就是将这种"节制"导入社会的构造吧。比如不成文的规矩、道德、礼仪、神话、长老那充满威严的话语、老奶奶讲述的过去的故事、人们的言谈举止——它们都是自发地保持住均衡、调节、净化的文化性装置。这种装置，从很久以前就开始破败了。然后，无限追求着"更大、更快、更强"的异常社会，简直像侵蚀自然界的癌细胞那样不断繁殖起来。

如此一来，我们似乎可以说，那被我们称为自然环境危机的，其实就是对社会中文化性构造的破坏，即某种适当的"小"与"慢"的丧失吧。

不过，我们所提到的这一切，对人类学者来说都只不过是常识而已，对吧？对人类学者来说，应该算作常识的"小"（smallness）与"慢"（slowness）。而它在一般的社会中，为什么会被无视至此，为什么会惨淡至此呢？围绕着文化——那种"小"与"慢"——的无力感，究竟是怎么一回事？我们难道要眼睁睁地将文化弃之于不顾——并且抛弃将其养育至此的"缓慢"的环境吗？我们难道要在标榜着"更大、更快、更强"的经济、货币、资本、技术的逻辑面前，在这个"名为全球化的怪物"面前，轻易地屈服下去吗？

也许有人会批判我刻意美化传统社会，将其好的一面描绘得过于浪漫了。对此，我已经做好了心理准备。我只是对文化——那存在于社会之中，曾作为节制的装置支撑起社会的文化——之丧失感到忧心罢了。也许这会被揶揄成一种怀旧（nostalgia）吧。可是，就像我们会用身体记住母亲所唱摇篮曲那舒缓的节拍一般，如果我们尚可以在脑海中浮现起那令人怀念的文化的"慢"与"小"来，将是多么幸福的一件事啊。

3
来做减法的练习吧

如今，大众传媒热闹地导演着"慢生活"的剧目。他们宣扬起什么"安安稳稳""宽松舒适""逍遥自在""有余裕""轻松愉快"，还有各种给人以"生态生活"（ecological life）印象的词句，比如"绿色的""森林环绕的""有利于环保的"等等。大企业们纷纷扑向了环保教育、生态旅游、户外运动、慢食等诱人的概念；在此，"慢"与"生态主义"被经营成了一种商品。汽车产业一面开发着混合动力型汽车，一面向成员数越来越少的家庭，大肆兜售着大型RV汽车（电视广告上说，这车会让"爸爸看起来好出色喔！"）。不要被他们骗了。为大众传媒、大企业口中之"慢生活"提供支持的，是依然如故的大量生产、大量消费、大量废弃式"快速经济"（fast economy）。能够将美国式"富裕宽松的郊外生活与周末户外运动"支撑下去的，正是现今由小布什提出的显赫一时的计划——"从现在起20年间，每周新建成一到两座发电站"。

如此这般，就是我们身处的时代中所谓"文化"的萧索现状。我们丢掉了将文化作为一件"外在事物"来构想的能力；因此我们的当务之急，难道不是再次找回这种能力吗？我们重新构想的文化，是这样的：虽然看起来好似存在于在国家内部，可它也同时存在于国家的构成之外；虽然看来似乎被吞没于资本主义之中，但同时也存在于货币经济及自由竞争主义之外——那是一种立足于国家或资本所规定的时空框架之外的文化。

现在，人们变得一提到文化，就只能将其想象为从主流世界的逸脱了，对不对？这样说来的话，所谓文化人类学，也许的确该被算作关于逸脱的研究了。

从最初开始就并未与主流社会发生联系（plug）的人们，还有从主流社会中逸脱出来（unplugged）的人们，以及与主流渐行渐远的人们，举例来说的话，他们的形象可能是长期

终章 慢文化

逃学者,"掉队者",辞职后脱离商界的公司职员,残疾人,嬉皮士、地方自治、区域货币、社区花园、大坝建设的反对派,脱离核电运动、草根能源运动或节能运动;时至今日仍然分散于世界各地的诸多原住民族;被称为最后的移动型狩猎采集民族的、居住于亚马孙与砂拉越的人们;还有在漫长的历史中存在过或存在着的许多民族、部落、少数民族;等等。这每一个形象,都能为人们带来一些关于"我等之逸脱"的启示。

道格拉斯·拉米斯(Douglas Lummis)写了一本书,名叫《难道没有经济增长,我们就不能富裕起来吗?》。在书中,他将在21世纪的今天,仍然一如既往地信奉着经济至上主义,并随着消费动向时喜时忧的我们的姿态,比喻为泰坦尼克号上的水手。我们身处一条向着冰山迅猛冲刺的船中,所有人都知道自己迟早会撞上冰山;可即便如此,人们却总也不能将其当成一种"现实性"状况加以理解。如果有人喊:"会撞上冰山呀!"那么其他人就会奚落他说:"你怎么还在说这个,早就听腻了。"人们觉得主张"停下引擎"的人,是缺乏常识的、非现实主义的,谁也不会对其加以理睬。在这种情形之下,泰坦尼克号这条大船,就成了唯一的现实。为什么人们没能让引擎停下?因为,人们总想着"之所以造出泰坦尼克号这条船,就是为了向前推进。如果不向前推进，那么所有人都将丢掉工作；而且大家也会变得不知如何是好"。换言之，人们认为向前推进这件事，才是"泰坦尼克号的本质"。

除了不断前进之外，别无他法。实际上，这种"泰坦尼克式现实主义"正掌控着全世界政治与经济的船舵。而且，它还在不断发出"全速前进！""不要减速！""再快一点！"的命令。

除了前进之外别无他法的"进化主义"，得到了人们狂热的信仰。它简直可以称得上是一种宗教了。因为这种狂热，每年至少有多达25000种的物种走向灭绝。有研究指出，生物进化需要花掉至少500万年的时间，才能填补上这个灭绝物种在生态系统中开出的大洞。可以说，这种简直令人晕倒的"迟缓"，才正是进化的本质。因此，在我们讲述人类的历史时，应当更加慎重、节制地使用"进化"之类的词语才对。

同样，诸如"发展"呀，"开发"呀，"进步"等等，也都是些相当危险的词语。人类，被当作"智人"（homo sapiens）。换言之，人类作为有智慧的动物，被赋予了能够预测自己之行动所引发后果的能力。可是，只要看一看20世纪科学技术的历史就会发现，在新技术的发明会引起怎样的后果这方面，我们所有预测能力之拙劣，简直是显而易见的。而传统社会中的生活技艺，则有着在数百年、上千年缓慢的摸索过程中，一点一点慎重地打磨至此的历史。那种迟缓，正是扎根于文化本质的迟缓。

即便如此，拉米斯却仍未将诸如"发展"或"进步"等难对付的词语抛弃。相反，他姑且将这些词汇沿用了下来，并以此为基础提倡出新的概念。与现在的"发展"相对，他提出了"抗衡发展"，并用"减法的进步"来替换现有的"加法的进步"。

比如，技术层面的"进步"。我们越来越依赖机械技术，变成了技术的从属品；其结果是，我们作为人类的能力萎缩了，人与人的关系、人类与自然的联系，变成了一种更加狭隘、浅薄、局促的事物。如果没有这种机械，这件事就做不了；少了那种机械，那件事就做不成，如此这般。于是拉米斯说，试着将东西一点点减少；与此同时，变成一个即使没有这些身外之物，也能泰然处之的人，又会如何呢？减掉那些代替人类能力的机械，增加那些有助于人类能力增长的工具。不是点亮电视机，然后观看"文化"；而是在自己的家居里创造文化。换言之，试着将本来意义上的文化——即享受靠自力生活的能力——找回来。

倡导生活简朴化或节约的"减法"，也许在那些彻底习惯于经济增长这种"加法"的人看来,会显得既消极,又倒退。不过对拉米斯来说,这些减法,正是试图帮人类找到本来的快乐与富裕的积极向上的思考方式。他还提议,人们不妨将"时间就是金钱"翻转过来,变成"金钱就是时间"。换言之,他提倡到,停止过去那种一味将时间换成金钱的生活方式吧!即使会让金钱减少一些,也请找回那宽松舒畅的、与人类相称的时间吧。

的确,与人类相称的时间和节律,应该是存在于世的。它本来就应该是一种宽松而舒缓的事物。说起来,这种时间,不正是被我们称作文化的东西吗?

《广告克星》(*Adbusters*)这本对广告加以批判与讽刺的加拿大杂志,在其宣传标语中这样写道:"经济学家应该去学学减法。"(Economists Must Learn to Subtract)不过我觉得,人类学者看来也有必要练习一下减法了。不,其实我们这些所谓"发达国家"的人,人人都应该练习练习了。美国作家温德尔·贝里(Wendell Berry)说道:"所有人做减法的能力都被夺走了,这简直就像遗传学上所说的变异一般。"

减法练习。长田弘在其诗作《诗人之死》中写道:"与做了什么无关。人们在意的是,尚未做过的事情。"作家圣-埃克絮佩里(Saint-Exupéry)亦曾说过这样的话:"与其说完美,指的是无须添加任何东西的状态，不如说它是已经无法去除任何东西的状态。"道格拉斯·法尔，这位环保活动家、工程师，也教给我一句含有双重意义的英语表达：Nothing is worth it。这句话，在"才没有什么是有价值的"这般否定的、虚无主义式意义的背后，潜藏着"空无一物，才是价值所在"这般肯定的意义。舒马赫在《小即是美》当中指出，能用更少的消费，获得更大满足的，才是真正的经济学。还有，认为损之又损，最后就能到达无为这一自由境界的老子。

4
现代科学对乡土智慧的重新认识

加拿大生物学家大卫·铃木（David Suzuki），因其环保活动享誉世界。其在著作《神圣的平衡》（*The Sacred Balance*）中，提倡了科学技术层面的"减法"。他指出，在一直以来支撑着科技文明的机械式、理性主义式世界观陷入僵局的今天，人们所期待的，是一种能够替代现有世界观的"传说"之缔造。于是，他向读者们呼吁道："试着再一次返回原点吧！"那么所谓的原点，即无论谁都能共享的一部分最基本的认识，又是什么呢？铃木的意思是，让我们就从这个问题着手，重新开始思考吧。

首先，我们人类是生物，是动物，是哺乳动物，也是失去空气、水、土、太阳能源等要素就无法维生的存在。对此，现代科学如何把握其意义？铃木在其书中作出了介绍。

空气、水、土、火（太阳），对我们来说都是无可替代的东西。但是，它们不仅是些"东西"而已——它们，还与我们的存在密不可分。哪个部分是空气（水、土、能量），哪个部分是"自己"，其二者之间并没有分界线存在。可以说，空气（水、土、能量），与这个名为自己的存在，是融合在一起的。从这层意义上来说，"水是我"或者"我就是大地"之类的表达方式，既不是单纯的比喻，也不只是充满诗情的伤感。

现代科学一点点为我们展现出的世界观，却与传统文化所共有的部分非常相似；它们广泛而悠久地分布于希腊神话等世界上各种各样的传承中。铃木指出，如今最前沿的科学，正着手于重新认识传统文化中存在的乡土智慧（native wisdom），甚至开始担当起证明其合理性的职能了。

在讨论了空气、水、土、太阳能源之后，铃木写道，人类是无法只靠这四种要素生存的"社会性动物"。于是，他从生物学意义上对此进行了探讨。就像人类学家阿什利·蒙塔古

（Ashley Montagu）的研究所阐明的那样，人"失去爱，就不能生存"。这绝不是文学式的感伤主义；它是生物学上的事实，也是使人之所以成为人的原因。

在持续至1989年的专制时代的罗马尼亚，国家实施了无差别促进人口增长的政策。其结果导致收容在福利机构中儿童的数量，攀升至30万人。据某项研究指出，在政策实施的最后数年间，这些被收容的儿童中，每年都有1/3的人面临死亡。这些孩子可以说已经得到了衣、食、住的照料，那么，引发他们大量死亡的原因又是什么呢？对此，研究者们认为，如果用一言以蔽之的话，其原因可以归结为"爱的欠缺"。

空气、水、土、火，还有爱，这些都是与自己本身之存在密不可分，而又无可替代的东西。因此，不能污染它，不能侮辱它，不能冒渎它，要将它们视为"神圣之物"加以崇敬。铃木说，无论宗教、道德还是政治，它们本来的原点，不就正包含其中吗？所谓文化的本质，还有人类最深沉的智慧，不也正包含其中吗？因此，铃木提倡"传说"的重生与缔造——那是一个将生命，以及生命所依存的一切，视为神圣之物的传说。

文化，诞生于各种各样的场所、地区，它作为均衡、调整、净化装置发挥着作用。可是，这样的文化却在近现代化中深受其害，现在，仿佛要在全球化中濒临死亡了。正因为文化面临的危机如此严重，才催生了"治愈"（healing）之类词语的流行。

"治愈"，能让此事成为可能的，只有爱。这多少有些羞人，不过，我却只能这样说。并且，我还想说，爱就是"慢"。爱，是需要花时间、费工夫的东西；正因为需要花时间、费工夫，爱才是爱。直到短短的十多年前为止，罗马尼亚一直在推行的政策，也可以看作是一种高效率的、让孩子们得到集体社会化的、在育儿与教育方面进行的"大量生产"实验。一个又一个的小孩子，在家庭中，在共同体中，饱含喜爱之情地、慢悠悠地，被大人们亲手抚养长大——可以想见，在那些只将群众当作劳动力的冷酷的掌权者与统治者们看来，这种育儿方式简直毫无效率可言。他们认为，将孩子们从那种环境中生硬地剥离出来，收容到由一撮"育儿工程学"专家与一群机器人管理运营的学校或机构里，像工业产品那般"更快，更多"地生产，会是更好的一种方法。

可是，育儿、社会化、教育等等这一切，都是和缓而慢悠悠的过程。它们的"慢"，不仅意味着"需要花掉不少时间"。所谓的"爱"，其本质就是"慢"本身。这是一场无法妥协的过程——节省时间，加快速度，或者提高效率，都将无可避免地损伤到爱的内涵。

5
慢知识——停留者的"迟慧"①

读过最首悟的书《星子的存在》(《星子が居る》)。它带给了我全新的体验:在一册书中流动的时间,竟可以慢到如此。那是恬静地渐渐流过的惬意时间。我想慢悠悠地读它,我也只能慢悠悠地读它。如果借用沃尔夫冈·萨克斯(Wolfgang Sachs)所提出的概念——动(moving)与停(staying)来说的话,这就是一本主要关于"停",还有一点关于"动"的书。

它是一本关于星子——这位患有多重残疾的智力障碍者二十年间的成长记录;同时,它也是由这个包括父亲最首悟在内的家庭,所写就的慢悠悠"共生"之旅的编年史。

就像萨克斯所说的那样,我们身处的时代,是一个被"动"附体的时代。在此,"停留"的价值似乎已经一跌到底

---

① "迟慧",作者的自造词。在日语中与"智慧"一词同音。

了。"共生"一词遭到了滥用，这使它现在听来显得很陈腐。不过，所谓的"共同生活"，本来就是一种与"停留"相关的技艺（art）与智慧。人们越是去"动"，"共同生活"就会变得越困难。因此，"停留"需要花费时间；而"共同生活"，则会花费更多的时间。

当然，我们不可能只停在那里不动。就连星子也在慢悠悠地活动着。因此，我们也得一边学习这种缓慢，一边动起来；一边共同生活，一边动起来。

在 slow 这个英文单词中，亦包含着别的意思。举例来说，就像词组"slow witted"（愚蠢）一样，slow 也有"脑子笨""理解慢"等意思。我想仿照着 slow witted，使用起"slow knowledge"（慢知识）这个表达方式来。并且我还想说，所谓的"慢知识，慢智慧"，其实是非常卓越的智慧之一。轻薄的知识，只会在竞争速度、效率、数量与机动性上做文章。而慢智慧，则与它形成了鲜明的对比——这是一种在大地中深深扎下根系，在舒缓充裕的时间中逐渐成熟起来的、品位典雅的智慧。首先，有谁在什么地方证明过，慢的东西比较下劣了？日语中说的"知惠遅れ（智力障碍，智力发育迟缓）"，也许亦能算作"慢知识、慢智慧"的一种吧。因此，我想试着用"迟慧"一词来对应 slow knowledge 这个表达。

据温德尔·贝里，我们的智能可以分为两个部分：追求"创新"（innovation）的部分，与以"熟悉"（familiarity）为基础的部分。前者对"现在我不在哪里"抱有兴趣，希望能够发现尚未到过的地方；而与此相反，后者则对"现在我在哪里"抱有兴趣，并试图了解自己当下的所在。贝里感叹道，我们这个科学技术文明的时代，一直以来仅偏重于其中第一种的智能了。的确，我们似乎被"革新"的幻象所蛊惑，进而忘却了那曾经被文化养育而成的"停留者的迟慧"了。

"只要生命一息尚存，基于熟悉感的智慧就会向着更广泛、更深沉的方向无限发展。经验的无限性，并非存在于创新之中，却存在于熟悉里"［温德尔·贝里，《生命是一个奇迹》（*Life is a Miracle*）］。

在减法的最后，人们非得如此自问不可：

为什么　我们　不得不
忙忙碌碌地活过　没有自己登场的人生？

"一定要慢悠悠地过活才行。"
天空这样说。树木这样说。风也这样说。

长田弘，《人生的短暂与丰饶》

后记1

大概是1980年吧。那时的我，正在名为蒙特利尔的城市里过活。有个人介绍了一首诗给我。

那是长田弘写就的，一首名叫《白炖菜的食用方法》的诗。当时的我，不仅自己下厨，而且也有在餐馆工作。因此对我来说，有关食物，特别是食用方法的诗真是再适合不过了。

　　就这样，将菜投入深锅。
　　将梦幻铺在锅底，
　　倒入没过它的凉水，
　　用弱火咕嘟咕嘟地熬煮下去。
　　将自己的一天　柔软地
　　静静地　热乎乎地　熬煮下去。

　　正是让人心冷的时代呀。
　　因此才要用自己的手，
　　将自己的一天　熬煮成白炖菜

> 真想热乎乎香喷喷地吃起来啊。
> 在温热的器皿中加上蟹橙味噌
> 呼呼地吹着热气。

这首诗,让我感到了幸福、满足与温暖。蒙特利尔的冬天又漫长,又严酷。那时候的我确实很穷,但算不上不幸;也没有因为在异国独自过活,而感觉到寂寞。这首诗之所以能打动我,是因为它蕴含着一种力量——那是能让我想起,自己在不知不觉间丢掉,却一直没有注意到的某种感情的力量。

那是种怎样的感情呢?大概,它就是曾包裹住儿时的我的欢喜吧——能将这个自己的全部,毫不掩饰地、原原本本地接受下来的幸福;并非面对尚未诞生的未来的自己,而是紧紧拥抱住当下自己的这一刹那的欢喜。现在想来,也许就在那个时候,这本名为《*Slow is Beautiful*》的书已被播下了种子。

那颗种子,在经历了漫长岁月后终于发出了嫩芽。为了搞环保运动,我曾一度来往于中南美洲的森林;而就在那里,我邂逅了三趾树懒。仿佛被树懒这种美妙绝伦的动物诱惑住一般,我开始着手于人类生活方式的摸索——那是一种低能耗的、共生的、循环的、和平而非暴力的,缓慢而美好的生活方式。

后记1

　　我与加拿大原住民海达族的朋友们，一起在海达·瓜伊（Haida Gwaii，又名夏洛特皇后群岛）的原始森林中度过了悠久的时间；也与优美地老去的母亲，还有两个年幼的孩子们一起度过了神话般的时间。接受着这些时间的恩惠，存在于我之内部的《Slow is Beautiful》这本书，逐渐成长起来。

　　即便如此，如果没有从许许多多的邂逅中汲取营养的话，这本书恐怕也不会结出果实来吧。现在，正是我将这些邂逅一个个描摹下来，悄悄地致以谢意之时。

　　平凡社①的直井佑二先生曾向我约稿，希望我能写一本有关身体论的书。自那以后经过了三年。尽管慢悠悠地描绘着曲线，这本旨趣与最初的计划多少有些出入的书，终于还是要完成了。我觉得，在这本书中，深谋远虑又擅于忍耐的直井先生那缓慢的波长，与在思考或写作方面多少有些怠惰的我的波长，以绝妙的状态混响在了一起。说起擅于忍耐的人，还有我供职的明治学院大学国际学部的教职员，以及学生诸君——一直以来，对于我这个游手好闲的同事，以及要求众多的教师，大家都表现出了惊人的宽容。

　　最后，我要将这本如此写就的书，献给以安雅·莱特（Anja

---

① 本书日文原版的出版社名。

Light)、中村隆市为首的"懒人俱乐部"的伙伴们——一并送上许多慢悠悠的爱。

　　Love，Peace and Life

辻信一
二〇〇一年盛夏

后记2（文库本）

> 那些人，他们往快车里拥挤，但是他们却不知道要寻找什么。于是，他们就忙忙碌碌，来回转圈子……
>
> 圣－埃克苏佩里，《小王子》

Slow is Beautiful 单行本的问世，与那次"九·一一"事件几乎同时。对我来说，这比单纯的巧合包含了更多意味。那时候，我在南美洲的厄瓜多尔已经度过了将近三周的时间，可因为事件之后的航班停飞，我又不得不多停滞了八天。没有办法，我只能白天在森林里散散步，观察观察蜂鸟；夜晚在住处观看CNN的新闻，以此打发时日。可以说，那时的我正好来往于极端的和平与极端的暴力之间。在这种状况下，我究竟是如何让这两种时间，在自己之内部达成调解的呢？我想，即便在厄瓜多尔，也没有人会对事件的严重性抱有疑问。可我却没能遇到一个被激情冲昏了头脑的人。所有人看起来都静静地、安稳地，为这个被憎恨所覆盖的世界忧虑着，悲叹着。

就在那时，朋友教给我一句西班牙语中的谚语：

走得慢，才能走得远。

当我从厄瓜多尔归来时，刚刚发行不久的书正在家里等着我。slow，这个成为本书标题的词语，就这样被冷不防地扔进了"九·一一"之后的世界。一直以来，我都很想珍视这个机缘；直到现在也依旧如此。这个世界虽然暗淡，我却不想转过脸去背对它。可是，在另一方面，我却仍然一次又一次，一次又一次地想要回归到"落后""缓慢""不努力"等词语中洋溢着的丰富的意味中去。

辻信一

二〇〇四年春

译者后记

我决定翻译本书，原因有三。其一，是我从小就行事缓慢，并因此背上了奇妙的心理负担。故今生有幸遇到这本书，自然要相见恨晚、感激涕零的。其二，是2011年的时候，我正好待在日本，当时又有地震又有海啸又有核泄漏，弄得大家都以为世界快要毁灭了。因此，这本能让人看到点美好未来的书，在我看来还是很有传播之必要的。其三，则是因为辻信一老师此人甚为有趣。因为他很有趣，所以我想，这书翻译成中文，大概也会有不少人愿意看吧（译笔欠佳，万分抱歉）。

我的祖辈经历过战争；我的父辈中比较年长的人，在童年曾经挨过饿。因此我的童年，就在长辈们的催促声中度过了。"你吃饭太慢了！""怎么做什么事都磨磨蹭蹭的！""不赶紧吃完，就会被抢走！你会没有饭吃！""像你这样的人，要是打起仗来一定很快完蛋！"云云。不仅如此，大人们还喜欢让孩子们看电视上的自然节目。于是，我就看到了不少大狮子撕咬羚羊幼崽的画面。我懂了，这是个弱肉强食的世界。大的吃掉小的，强的战胜弱的，快的征服慢的。如果发生了正面的暴力冲突，那么，"慢"一定只能甘拜下风。

长辈们的话很对。如果当年的他们也像我这般行动迟缓的话，恐怕根本活不到今天。于是，在这个弱肉强食的世界中，曾经年少的我，就一面背负着自己必将成为弱肉的悲剧情调，一面心有不甘地作出种种无谓的反击。可一路走来，我竟然意外地发现，这个迟缓散漫又吊儿郎当的我并没有挨饿。原因很简单，战争结束了（虽然有可能再打起来），物质生活也变得丰富了（虽然暗藏着种种危机）。

弱肉强食的道理，只有在小范围的、直接的暴力冲突中才有效。如果从宏观上来看的话，胜负则往往相反。看一看濒临灭绝的保护动物名单吧，它们中的大多数都站立在食物链的顶端。而那些能够跨越千年，跨越地区和种族流传至今的各大圣人们的开示，却无一不在教导我们要慈悲忍让，要踏实，要慢慢来。就如这本书所讲述的那样，我们身处的时代是一个"快"压制着"慢"的时代。可这样的时代，不会持续太久了。兔子跑得太快了，它总要停下来休息休息；人在激动之时心跳也会加速，可要是一直加速下去的话，就会面临生命危险。站在人类史的高度来看，以正常的速率行动，才是我们能够求得生存的唯一道路。孔子说过，欲速则不达，

译者后记

见小利则大事不成。这本书中写满的种种教训，无一不是旁证吧。

2011年地震后的日本，多少处于恐慌当中。地震、海啸、核泄漏，以及随之而来的种种社会经济问题，使人觉得这世界仿佛真的要毁灭了。倾斜的东京铁塔，停驶的电车，残垣断壁，无家可归的人们，核电站上空腾起的黑云，一切都像特摄电影或动画大片中所演的那样，却唯独缺少了正义英雄的降临。我们总是期待着超级英雄的诞生。他或她（其中帅哥、美少年占了大半）必须要又强大，又温柔，长得又好看，又脸皮够厚，敢于穿上难为情的战斗服；然后，他或她就会以武力打倒坏人集团，救人民于水火之中。于是，就像电影或动画片中所演出的那样，我们这些草民只要装无辜，乖乖地看热闹就好了。

不过，电影或动画片到底是骗人的。因为根本就没有所谓英雄的降生。话说回来，即使英雄降生了，他也不可能找到对手。因为让人们身处水火之中的，才不是什么大坏蛋集团，反而恰恰是看似无辜的人们自己。可是，大家却似乎对此尚不知情（也许是故意装不知道的）。这是何等的悲惨啊！呜呼哀哉。我们搞坏了地球，搞惨了自己，结果却天真地等着某个英雄来救——尽管我们也知道那英雄只存在于自己的幻想之中。我们都听说过"解铃还须系铃人",却为什么没有好好想过,自己究竟应该如何拯救自己呢?

本书中举出的反例,多是日本社会的情形;不过看过就会知道,这些绝不只是日本人的问题,它们也是地球人共同面对的危机。人们热情地推进着经济全球化、文化全球化;与此同时,随之而来的就是化学污染、核能污染、基因污染等各种各样的全球化。我们每一个地球人,都身处其中,难辞其咎。

小时候的我,也曾像无数小朋友一样,幻想自己能够成为拯救世界的英雄。现在的我,依然相信世界是能够被拯救的。它必将被普通的、平凡的、大多数的人所拯救。不必动用武力,更不必借助什么超能力;因为武力不可能换来和平,超能力也不可能对现实、对大多数人起到作用。无论何时,无论何地,每一个人,每一个生命,都有选择自己前进方向的自由。而所谓的未来,无非是这些选择的积累而已。我们只要选择与地球、与生命相和谐的方向,就必然会走向自我救赎的美好未来吧。可以说,被您捧在手中的这本书,就是环保活动家辻信一教授所作出的选择。

译者后记

辻信一老师是个非常有趣的人。在我看来,有趣有两种。一种是后天的,必须经过训练才能尝出味道来,比如酸腐文人聚在一起吟诗作对之类;而另一种则发自人性本源,比如突然听见旁人放了个响屁,大家就都乐了。前者只能在小圈子中寻找知音,后者却放之四海而皆准。不过,辻信一老师的有趣,却在于他可以集其二者于一身,将大众式的、发自人性的有趣,与深奥而小众的有趣巧妙地结合起来。比如,他年过花甲,却有种少年般的热情。他坚持使用保温水壶,走到哪里都带着。就连去看演唱会的时候也不例外——如果看到乐手在台上喝宝特瓶装饮料,他就会挤到台上将保温水壶塞给人家。他还在自家车库门口的正中间栽下了一棵大树,以表示拒绝开车的决心。每有来客,就会自豪地向他们展示。这种单纯而幽默的玩乐精神,就接近于第二种大众式的有趣;而那发自内心的真诚,则能够在不经意间打动他人。当然,这些行为的出发点,无疑是高尚的;在其背后构成支持的大量学术研究工作,自然也不可忽视。但只有将高尚的伦理观念、严密的学术研究,与扎根于人类本能的玩乐精神,以及真挚的热情相结合,才能发挥起最大的效力,进而为这个社会作出种种到位而不矫情的贡献。我想,这也许就是辻老师,还有本书中言及的许多活动家们的魅力所在吧。一个永远年轻的嬉皮大哥,带着一群小伙伴（战友、朋友、学生或者粉丝们），一边搞些有趣的事情，一边投身于拯救世界的课题。看起来多么美好。

作为一介草民，一坨弱肉，我时常会对生命、对现实感到种种困惑。但与此同时，我亦常常感到，也许改变世界的可能性正蕴含于这些困惑当中。一直以来，我们作出了种种努力，付出了种种代价，以试图让自己相信自己的强大。我们在自己的脑海中树立起各种敌人，然后投入忘我的战斗，以试图从生命现实的种种困惑中得到解脱。可是我们错了。无论如何，我们人类的本来面貌，依然缓慢、软弱、渺小。当我们的人生面临终结时，才猛然发觉困惑从未离开过我们，可我们却从未有勇气去直视过它。

一直以来，我们否定着缓慢，否定着懒散，否定着软弱渺小古旧……我们也以此否定着本来的自己。对我来说，*Slow is Beautiful* 这本书的意义，就在于它能让我们重新找回肯定自然、肯定自己本来面目的勇气。尽管不完美，却并非无可救药。只有正视种种困惑，肯定所谓的"缺点"，才能够接纳它，找到与其共存的幸福吧。

在本书翻译过程中，有幸得到了姚丽萍老师、孙晶老师、辻信一先生、樊沁永先生、魏寅先生、祝启平先生等诸位师长友人的热情鼓励与赐教以及出版方诸位编辑的悉心指导与协助。在此，谨向大家致以诚挚的谢意。

田　园
二〇一四年夏

作者简介

辻信一：文化人类学者，环保活动家，明治学院大学国际学部教授。于1999年设立"懒人俱乐部"后一直担任其照料人。在倡导"慢生活（slow life）""百万人烛光之夜""GNH（国民幸福总值）"等运动的同时，致力于推进独特的环境·文化运动。除著述外，亦参与了DVD影像系列《亚洲睿智》的制作（迄今为止已完成4部作品）。2014年6月，开设讲习会"慢悠悠小学校（Slow Small School）"，旨在让成年人"重新学起"。著作颇丰，主要有《慢生活　慢美好》、《懒人教授的晃来晃去人类学》等。新近出版与高桥源一郎氏合著的《弱之思想》，以及《不做：让人生更丰富的减法哲学》。

图书在版编目（CIP）数据

慢生活 慢美好 /（日）辻信一著；田园译 . —北京：华夏出版社有限公司，2023.1
ISBN 978-7-5222-0274-7

Ⅰ.①慢… Ⅱ.①辻… ②田… Ⅲ.①生活方式－通俗读物体 Ⅳ.① C913.3-49

中国版本图书馆 CIP 数据核字（2022）第 003440 号

Slow is beautiful
by Shinichi Tuji
Copyright © 2001 Shinchi Tuji
All rights reserved.
Originally published in Japan by HEIBONSHA LIMITED,PUBLISHERS , Tokyo Chinese (in Simplified Chinese ONLY) translation rights arranged with HEIBONSHA LIMITED,PUBLISHERS , Japan.

版权所有 翻印必究
北京市版权局著作权合同登记号：图字 01-2014-0970 号

慢生活 慢美好

作　　者	[日] 辻信一
译　　者	田　园
责任编辑	杜潇伟
出版发行	华夏出版社有限公司
经　　销	新华书店
印　　装	三河市万龙印装有限公司
装　　订	三河市万龙印装有限公司
版　　次	2023 年 1 月北京第 1 版 2023 年 1 月北京第 1 次印刷
开　　本	670×970　1/32 开
印　　张	9
字　　数	128 千字
定　　价	49.00 元

华夏出版社有限公司　地址：北京市东直门外香河园北里 4 号　邮编：100028
网址：www.hxph.com.cn　电话：(010) 64663331（转）
若发现本版图书有印装质量问题，请与我社营销中心联系调换。

图书在版编目（CIP）数据

慢生活　慢美好 /（日）辻信一著；田园译. —北京：华夏出版社有限公司，2023.1
ISBN 978-7-5222-0274-7

Ⅰ.①慢… Ⅱ.①辻… ②田… Ⅲ.①生活方式—通俗读物体 Ⅳ.① C913.3-49

中国版本图书馆 CIP 数据核字（2022）第 003440 号

Slow is beautiful
by Shinichi Tuji
Copyright © 2001 Shinchi Tuji
All rights reserved.
Originally published in Japan by HEIBONSHA LIMITED,PUBLISHERS , Tokyo Chinese (in Simplified Chinese ONLY) translation rights arranged with HEIBONSHA LIMITED,PUBLISHERS , Japan.

版权所有　翻印必究
北京市版权局著作权合同登记号：图字 01-2014-0970 号

慢生活　慢美好

作　　者	[日] 辻信一	
译　　者	田　园	
责任编辑	杜潇伟	
出版发行	华夏出版社有限公司	
经　　销	新华书店	
印　　装	三河市万龙印装有限公司	
装　　订	三河市万龙印装有限公司	
版　　次	2023 年 1 月北京第 1 版 2023 年 1 月北京第 1 次印刷	
开　　本	670×970　1/32 开	
印　　张	9	
字　　数	128 千字	
定　　价	49.00 元	

华夏出版社有限公司　地址：北京市东直门外香河园北里 4 号　邮编：100028
网址：www.hxph.com.cn　电话：(010) 64663331 (转)
若发现本版图书有印装质量问题，请与我社营销中心联系调换。